基于市场一致性的保险负债公允评估方法

陈泽　著

中国财经出版传媒集团
中国财政经济出版社

图书在版编目（CIP）数据

基于市场一致性的保险负债公允评估方法 / 陈泽著
. --北京：中国财政经济出版社，2021.1
ISBN 978-7-5223-0208-9

Ⅰ.①基… Ⅱ.①陈… Ⅲ.①保险公司-企业债务-风险评价 Ⅳ.①F840.323

中国版本图书馆 CIP 数据核字（2020）第 251484 号

责任编辑：康靖琳 责任校对：李 丽
封面设计：北京兰卡绘世 责任印制：党 辉

基于市场一致性的保险负债公允评估方法
JIYU SHICHANG YIZHIXING DE BAOXIAN FUZHAI GONGYUN PINGGU FANGFA

中国财政经济出版社 出版

URL：http：//www.cfeph.cn
E-mail：cfeph@cfeph.cn

社址：北京市海淀区阜成路甲 28 号 邮政编码：100142
营销中心电话：010-88191522
天猫网店：中国财政经济出版社旗舰店
网址：https：//zgczjjcbs.tmall.com
北京财经印刷厂印刷 各地新华书店经销
成品尺寸：170mm×240mm 16 开 11 印张 152 000 字
2021 年 1 月第 1 版 2021 年 1 月北京第 1 次印刷
定价：48.00 元
ISBN 978-7-5223-0208-9
（图书出现印装问题，本社负责调换，电话：010-88190548）
本社质量投诉电话：010-88190744
打击盗版举报热线：010-88191661 QQ：2242791300

前　言

随着保险负债与市场风险关联性的不断加强，欧盟 Solvency Ⅱ监管和瑞士偿付能力压力测试均对保险负债评估方法提出市场一致性要求，利用市场价格对负债中的市场风险进行评估。虽然中国第二代偿付能力监管体系（偿二代）暂时未采用市场一致性要求，但是偿二代二期工程中已经明确提出要研究和完善保险负债的评估标准，市场一致性负债评估方法是重要的研究方向。本书从理论上提出兼具市场一致性性质和精算性特征的保险负债公允（动态）评估方法，并研究基于（动态）对冲技术的实现方式，希望为偿二代完善负债评估标准提供参考。

首先，本书在单期模型中从理论上提出了结合市场一致性和精算性性质的保险负债公允评估方法，其同时结合了金融市场的信息和精算模型的判断。由于绝大多数的保险负债既与市场风险相关，又包含传统保险风险；仅强调市场一致性性质的负债评估方法普遍忽视了对负债中的传统保险风险的定价特征的考虑。本书首次提出的评估方法的精算性性质，指的是评估方法对传统保险负债完全利用精算模型而不依赖市场信息进行评估的性质。本书基于一般对冲技术以及凸对冲技术给出公允定价方法的具体实现方式，证明了其可行性。

其次，本书理论研究了市场一致性负债评估方法中的对冲技术与评估方法保守性程度的关系，提出了稳健性度量方法。负债评估方法的精算保守性或稳健性指的是负债评估方法为避免损失的保守倾向程度，是负债评估方法的重要特征，也是偿二代二期工程的关注重点之一。由于对冲技术对于市场一致性保险负债评估方法的实现具有重要的作用，本书分析了对冲技术对评估方法保守性的影响，并基于分析结果创新性地提出了损失厌恶凸对冲技术用于实现公允评估。

最后，本书在多期模型中从理论上提出了同时满足市场一致性、精算性和时间一致性性质的保险负债公允动态评估方法。由于保险公司需要在保险间期动态地调整负债评估，动态评估方法的时间一致性是重要的性质。本书研究了公允动态定价方法与公允动态对冲技术的等价性，并基于动态凸对冲技术给出实现公允动态定价的具体方法。本书的理论与数值模拟分析证明了提出的损失厌恶凸动态定价可以实现具有不同保守性程度的公允动态评估，具有良好的实操可行性。

本书基于市场一致性提出的保险负债公允（动态）评估方法同时考虑了保险负债的市场风险、传统保险风险与时间一致性特征；并被证明可以基于（损失厌恶）凸对冲技术实现不同的稳健性程度，是合适、可行的负债评估方法。

作者

2020 年 10 月

目 录

第1章 概论

1.1 本书的研究问题

1.1.1 研究问题

近年来，随着保险产品的创新和保险风险的证券化，保险公司经营的保险负债，尤其是新型的证券连结型寿险负债，与金融市场风险的关联正不断加强。在此市场背景下，保险负债中的市场风险的合理评估和管理的重要性越来越凸显。

2008 年金融危机后，保险行业集聚的市场风险引起了保险业监管者们的注意。保险产品的创新使得许多新型的证券连结型保险（equity - linked insurance）占据了相当大的市场份额，但也暴露出保险业监管的新问题：过去的监管体系难以应对保险行业中的新风险。许多国家在 2010 年前后开始建设新一代偿付能力监管体系：欧盟提出并已实施了新的欧盟保险业偿付能力监管体系（Solvency Ⅱ）；瑞士发布了风险导向型的偿付能力压力测试（Swiss Solvency Test）；美国开始了保险业偿付能力现代化计划(SMI)，对于原有的监管制度进行完善。我国也在分析了原来偿付能力监管体系问题的基础上，主要借鉴欧盟 Solvency Ⅱ建立了第二代偿付能力监管体系（下文简称“偿二代”）。新一代的保险业监管体系普遍加强了对保险机构市场风险的监管，例如，欧盟的 Solvency Ⅱ和瑞士偿付能力压力测试均对保险负债评估的市场一致性提出了负债评估标准，要求采用市场价格对负债中的市场风险进行评估。我国偿二代仍然处于完善过程，暂时并未采用市场一致性评估要求的标准。

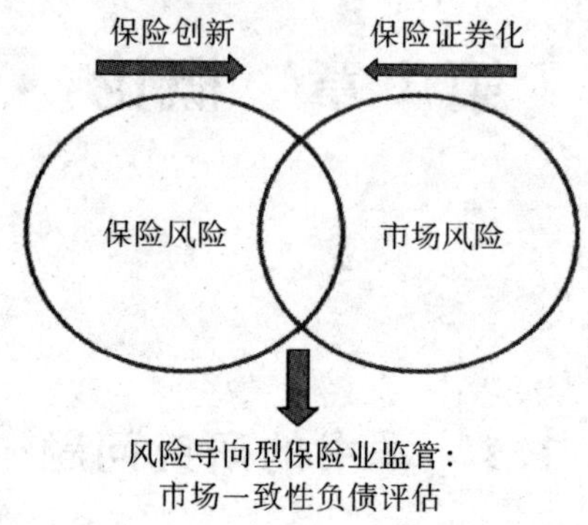

图 1-1 保险风险、市场风险与风险导向型监管

欧盟 Solvency Ⅱ监管的市场一致性负债评估思想主张利用金融市场信息对负债中的市场风险部分进行评估。顾名思义，所谓的市场一致性价格指的是资产或负债在交易市场的价格，该价格通常是被广泛接受的且为公允的[①]。保险公司的资产负债评估存在着严重不对称情形，因为资产的市场一致性价格在绝大多数情形下没有争议地被认为是市场上的观测价格，然而保险负债几乎没有交易市场，缺乏市场一致性价格。市场一致性保险负债评估要求负债采用资产的“语言”，即尽可能地利用金融市场上的价格信息对保险负债中市场风险部分进行评估或定价。保险负债的市场一致性评估要求使得保险负债现金流中的可对冲或可复制部分需要采用市场价格进行定价。由于市场一致性负债评估方法独立于负债评估部门对于未来金融市场发展走向的判断，相比于传统的定价方法，其通常给出了更接近市场与客观的价值。

在上述的市场背景与监管变革下，市场一致性负债评估思想成为了对保险负债中的市场风险进行评估和“暴露”的重要思路和方法，也是当前

---

① 欧盟 Solvency Ⅱ明确市场价格是“指在公平交易中，熟悉情况的当事人自愿据以进行资产交换或负债清偿的金额”。

保险业监管和相关文献关注的重要问题。在欧盟 Solvency Ⅱ提出了市场一致性负债评估要求后，许多文献研究了市场一致性负债评估与定价方法。但是，单纯强调市场一致性性质的负债评估方法并不是合适的评估方法，原因在于：首先，由于绝大多数的保险负债既与市场风险相关，也包含了传统保险风险，仅具有市场一致性性质的负债评估方法忽视了传统保险风险的定价特征；其次，保险公司需要在保险期间动态地对保险负债进行评估，评估方法应该需要满足时间维度的一些性质；此外，文献中的一些满足市场一致性性质的负债评估方法缺乏精算实务上的可操作性，合适的评估方法应该具有良好的可行性并符合相关监管的规定。

基于风险导向型监管提出了市场一致性负债评估要求，本书研究和希望回答的问题是：合适的保险负债评估方法除了满足市场一致性要求之外，还需要满足什么性质？如何实现以及如何评估其稳健性？

为此，本书从理论上研究保险负债评估方法，提出公允定价方法[①]：其兼具传统精算定价和金融方式定价特点，既具有对可复制或对冲的负债部分采用市场价格的市场一致性性质，也具有对不可对冲风险采用基于模型的精算性质。同时，本书在多期模型中提出的保险负债公允动态定价方法考虑了评估方法在时间维度上的一致性。最后，本书提出了基于对冲技术的公允（动态）定价实现方式，并对评估方法的稳健性进行了度量。本书基于市场一致性性质研究合适的保险负债评估方法与实现技术，希望能够为偿二代在未来监管中更好地评估保险负债中的市场风险提供参考。

原则上来讲，市场一致性负债评估方法既适用于寿险公司也适用于非寿险公司，但由于寿险产品的市场风险属性更强，因此其主要适用于寿险公司的负债评估和定价。由于与市场风险关联较为紧密的主要是寿险负

---

① 由于本书提出的方法同时适用于负债评估与定价，后文通常将其简称为评估方法或定价方法。本书将提出的保险负债评估方法称为“公允定价方法”的原因在于该方法同时考虑来自金融市场的信息和精算师对风险的可得历史信息与精算模型的判断，其实现可以是基于某种对冲技术尽可能地反映市场价格信息（具体见后文）和从而接近公允。同时，也因为作者的相关英文学术论文采用 fair valuation 以及和 Solvency Ⅱ监管文件采用 fair value 这一术语，因此本书采用公允定价这一翻译的中文名称。

债，本书的研究对象是市场一致性评估规则要求下的寿险责任准备金评估以及寿险保费计算。后文各章节中无确定说明时的保险负债指的是寿险负债，寿险责任准备金评估或寿险负债保费计算通常被简称为评估或者定价。

1.1.2 现实来源

本书的研究对象是满足市场一致性监管要求的保险负债评估方法，其重点针对于具有市场风险的保险负债，特别是证券连结型寿险负债。为了便于理解后文理论部分的数学抽象定义，本节结合例子具体介绍市场一致性负债评估方法的一类适用评估对象：具有市场风险的寿险负债。

负债给付与证券价格相关联的保险产品通常被称为证券连结型保险，主要包括了投资连结保险、变额年金保险和万能险等寿险产品。顾名思义，证券连结型保险保单在任何时刻的价值取决于其关联证券的具体投资表现。这类寿险负债的市场风险或投资风险的实际承担人根据具体合同约定可以分为两类：

（1）当证券连结型保险负债不具有最低保险收益保证时，投资风险通常由投保人自己承担。例如，对于投资连结保险，保险公司为投保人设立投资账户，收益来自通过投资账户的投资利得，但由投保人承担投资风险。

（2）当证券连结型保险负债具有最低保险收益保证时，保险公司需要在投资账户价值低于保单最低利益保证时，履行和承担合同约定的最低保单利益保证。因此，保险公司实际承担了此类保险产品的投资风险。例如，变额年金保险和万能险都是具有最低保单利益保证的证券连结型保险。

本书研究的市场一致性负债评估方法的最适用对象是保险公司承担最低保单利益保证责任的寿险负债，如变额年金保险和万能险等[①]。变额年

① 值得注意的是，本书提出的负债评估方法是适用于所有类型寿险负债的，并非只针对于证券连结型寿险负债，具体见后文。

金保险是一类具有最低保单利益保证的证券连结型保险，包含保险保障功能，并且保单价值与投资资产价格相关且具有最低保单利益保证的寿险产品。根据《变额年金保险管理暂行办法》，变额年金保险提供的最低保单利益保证包括如下 4 类：

- 最低身故利益保证（GMDB）：在被保险人身故时，受益人可以获得保单账户价值与保单约定的最低身故金的较大者；
- 最低满期利益保证（GMMB）：在保险期间届满时，投保人可以获得保单账户价值和保单约定的最低满期金的较大者；
- 最低年金给付保证（GMIB）：在保单签发时确定最低年金领取标准；
- 最低累积利益保证（GMAB）：保单账户价值按投资单位价格和历史最高单位价格的约定比例的较大者计算。

再如，万能险是另一类保险公司需要承担投资风险的证券连结型保险。根据保监会 2015 年的《万能保险精算规定》，万能险应当提供最低保证利率，且不得为负。

为了更具体地介绍具有保证收益的证券连结型寿险负债产品，我们以大都会人寿保险发行的“步步稳赢”变额年金保险产品（以下简称“步步稳赢”变额年金）对此类寿险负债影响的例子进行说明。这是一款典型的变额年金产品，保险公司为投保人的保险费设立投资账户，并具有一定开设期限。“步步稳赢”变额年金的默认投资账户的开设期限为 10 年，3 年后无退保费用。“步步稳赢”变额年金的保险责任主要包括：（1）身故保险金：若被保险人于保险期间内身故，按照个人账户价值给付身故保险金；（2）最低累积利益保证：“步步稳赢”变额年金投资账户的保证单位价格为历史最高投资单位价格的 80%，历史最高投资单位价格是指账户设立以来的最高历史投资单位价格，即，该投资账户设置单边上调价格保护，在保险期间届满时，投保人可以获得保单投资账户价值和历史最高投资单位价格 80% 的较大者。除了最低累积利益保证的变额年金产品之外，市场上还存在着其他最低利益保证类型的变额年金保险产品。例如，工银安盛人寿“保得盈”变额年金保险提供一项最低满期金。因此，从保险公司承担的保险责任来源来看，以变额年金保险为代表的证券连结型寿险产品风险兼具了市场风险与传统的死亡率风险等①。

表 1-1　　“步步稳赢”变额年金的保险责任组成

保险责任	责任标准	给付时刻
身故保险金	投资账户价值	身故时刻
最低累积利益保证	投资账户价值和历史最高投资价格80%的较大者	保险期间届满

简单总结来说，以变额年金保险为代表的具有最低保单利益保证的寿险负债有两大区别于传统寿险负债的特征：一是保险负债与市场风险密切相关，此类负债给付或保单利益与投资账户的投资单位价格相关联；二是保险公司实际承担了投资风险，需要履行保险合同约定的最低保单利益保证。因此，对于此类具有最低保单利益保证的证券连结型负债产品，相关责任准备金监管要求也考虑了保险公司承担的市场风险与投资风险。例如，《变额年金保险管理暂行办法》要求变额年金保险责任准备金由单位准备金、非单位准备金和保证利益准备金三部分构成。类似地，《万能保险精算规定》要求保险公司在万能账户的实际投资收益率小于最低保证利率时通过平滑准备金弥补差额，当不能补足时保险公司应当通过向万能账户注资来补足差额。因此，保险公司对此类具有保证收益的寿险负债产品应该采用合理的评估方法来反映其市场风险与死亡率风险。直观上，合理的负债评估方法需要兼顾此类保险负债中的市场风险与传统保险风险特征，既不能继续单纯地使用基于历史信息的精算模型进行评估，也不能完全使用如对冲等金融方法进行定价。提出并实现兼顾市场风险与传统保险风险特征的负债评估方法是本书研究问题的现实来源。

此类寿险负债的市场风险部分引起了保险监管的注意。以欧盟 Solven-

① 有些变额年金产品提供较高保额的身故保险金或意外身故保险金等。

cy Ⅱ监管体系为代表的新一代风险导向型监管机构主张利用市场一致性保险负债评估方法进行评估和定价[①]，要求利用市场价格信息对保险负债中的市场风险部分进行评估和定价。本节通过中国市场上的变额年金保险实际例子介绍兼具市场风险与保险风险的复合型保险负债产品，以阐释监管采用市场一致性保险负债评估要求的原因。但是，正如前文所述，本书认为仅凭市场一致性并不足以"筛选"和确定合适的负债评估方法，结合该变额年金保险的例子具体体现在如下方面：

（1）虽然变额年金保险是证券连结型保险，具有很强的市场风险，但是死亡率风险以及长寿风险也是其重要的风险来源。例如，对具有最低身故利益保证的 GMDB 型变额年金保险的评估与定价需要考虑被保险人的死亡率风险；对具有最低年金给付保证的 GMIB 型变额年金保险的评估与定价需要考虑被保险人的长寿风险。因此，此类变额年金保险负债的评估方法需要在市场风险反映市场价格的同时，合理地对死亡率风险以及长寿风险进行精算评估，后者也是负债评估方法所需具备的重要能力。

（2）变额年金保险负债通常具有一定的期限，保险公司需要在保险间期的评估日动态地对保险负债进行评估。市场一致性性质只能保证在任意一个评估日的负债评估价格是基于市场信息的，却不能保证不同评估日之间的不同负债评估比较结论具有一致性[②]。所以，负债评估方法应该也需要满足时间维度的一些性质，如时间一致性。

（3）最后，市场一致性是 Solvency Ⅱ监管对负债方法提出的性质要求，但是 Solvency Ⅱ 并未规定评估方法的具体实现技术。文献中的一些满足市场一致性负债评估方法缺乏实际的可操作性，例如要求市场完备性的评估方法并不具有可行性。因此，本书认为合适的评估方法还应该在符合相关监管规则的前提下具有良好的可行性。

综上所述，适用于以变额年金保险为代表的兼具传统保险风险与市场风险

① 在 Solvency Ⅱ监管中，市场一致性保险负债评估方法适用于所有保险负债，包括寿险与非寿险负债，并非特定针对于证券连结型保险负债。

② 具体见第五章的时间一致性相关部分。

的复合保险负债的评估方法是本书选题的现实问题来源。本书从 Solvency Ⅱ 的市场一致性负债评估要求出发，从理论上提出同时反映市场信息与精算风险的保险负债公允评估方法，并研究其基于对冲技术的具体实现方式。

1.1.3 现实意义

随着保险产品的创新，保险负债的市场风险正在不断增加，这一趋势对保险业监管提出了新的挑战。寿险负债中市场风险的评估是国际范围内新一代保险业监管的关注重点。由于传统精算技术与方法对寿险负债的评估无法反映市场风险价格，以欧盟 Solvency Ⅱ 为代表的风险导向偿付能力监管体系提出了负债评估方法的市场一致性要求。我国偿二代主要借鉴了欧盟 Solvency Ⅱ 监管体系，但在一些具体监管规则上与 Solvency Ⅱ 仍存在一定的差异。一个重要的差异体现在保险负债评估的监管上：Solvency Ⅱ 明确将要求保险公司对寿险负债评估采用市场一致性评估方法（market - consistent valuation）；偿二代采用了与 Solvency Ⅱ 类似的寿险准备金评估组成规则，但并未采用市场一致性评估要求。

虽然我国偿二代暂时并未采用市场一致性负债评估要求，但是偿二代二期工程中已经明确提出要研究修订完善保险合同准备金负债的评估标准，Solvency Ⅱ 采用的市场一致性负债评估是重要的研究和关注方向。寿险负债评估的市场一致性原则是偿二代区别于 Solvency Ⅱ 的一个重要特点。2017 年 8 月原保监会①为了进一步防控金融风险、改进偿二代监管制度体系和补齐监管短板，决定启动偿二代二期工程。《偿二代二期工程建设方案（征求意见稿）》建设方案中关于完善监管规则具体任务中的第 5 条明确提出“调整修订和调整完善相关资产的认可标准和评估标准，修订完善保险合同准备金负债的评估标准，确保负债评估的稳健”以及“在核

① 2018 年 3 月，第十三届全国人民代表大会第一次会议批准《国务院机构改革方案》，规定将中国银行业监督管理委员会和中国保险监督管理委员会的职责整合，组建中国银行保险监督管理委员会，作为国务院直属事业单位。本书中所出现的偿二代相关文件均为 2018 年之前的保险监督管理委员会发布，为避免误解，所以本书仍采用“保监会”。

心资本中，审慎确认有效保单的剩余边际”。

本书研究合适的市场一致性保险负债评估的现实意义在于：一方面，在建设偿二代二期工程的背景下，完善适合我国保险业发展的偿付能力监管体系需要吃透和了解偿二代和国际类似偿付能力监管的差异。我国保险学界还没有关于市场一致性寿险负债评估方法的理论研究，本书希望为偿二代二期工程建设关于保险负债评估方法的完善提供借鉴和参考。另一方面，本书希望从理论上研究并提出合适的市场一致评估保险负债方法，从理论上提供合适的、实际可行的市场一致性负债评估方法对于保险业监管和保险公司都具有重要的现实意义。

1.2　本书的研究背景

1.2.1　保险承保风险与市场风险的关联日益密切

随着保险市场和金融市场的创新与发展，许多保险负债的金融属性越来越明显，保险公司的承保风险与金融市场的关联性越来越强。保险业承保风险与金融市场越来越紧密的关联性来源于保险产品创新带来的金融属性以及保险风险的证券化。

一方面，随着保险市场的发展和保险产品的创新，保险负债使用的金融工具越来越多，承保风险中的市场风险也不断增加。保险市场的不断发展与创新体现在保险产品在设计上不断创新和新的金融工具的使用，近 20 年来涌现了许多具有保证收益或与证券连结的新型寿险产品，具体包括分红险、万能险、变额年金保险和投资连结保险等。此类寿险产品对金融投资品的替代性越来越强，所占的市场份额也越来越高。我国保险市场中的分红险、万能险和投连险等新型寿险产品的市场份额合计已超过了 50%，是重要的一大类寿险产品。

另一方面，近几十年来保险证券化发展十分迅速，证券化将传统的保险风险引入资本市场，使其成为可交易的风险。保险风险证券化指的是通过资产证券化技术在资本市场上发行保险连接型证券（insurance - linked securities），将承保风险转移到资本市场。随着近年来保险连接型证券的发展，许多保险公司承保的风险得以在资本市场上进行交易，如巨灾债券、长寿风险债券、死亡风险债券等产品已经成功发行。2001 年，Prudential Financial 对分红寿险保单进行了第一宗内含价值证券化交易，规模为 17.5 亿美元。2003 年，Genworth Financial 成功发行了第一笔准备金证券化交易，规模为 11.5 亿美元。2004 年，瑞士再保险发行了价值为 4 亿美元以转移极端死亡率风险为目的的死亡率指数型债券。2006 年，Genworth Financial 为了对万能寿险业务的准备金进行融资，发行了价值为 4.75 亿美元的债券。2016 年 6 月，我国保险交易所正式成立，致力于促进保险衍生品的交易，并可能为保险证券化产品提供如发行登记、交易流通与清算等基本服务。

1.2.2 国际保险业监管变革关注风险导向监管

自全球金融危机中美国国际保险集团（AIG）危机爆发以来，保险业监管受到了国际社会的高度重视。2009 年 6 月，国际保险监督官协会（IAIS）提出了“国际活跃保险集团监管共同框架”，建立了三支柱的保险监管整体框架体系。随后，许多国家在 2010 年前后开始建设新一代偿付能力监管体系。

欧盟自 2016 年 1 月 1 日起正式实施新的保险业偿付能力监管 Solvency 框架。事实上，Solvency Ⅱ项目早在 2001 年 5 月起就在欧盟成立了，历经十几年的设计研究和 5 次的量化测试，形成了一整套以风险为导向的偿付能力监管体系。相较于 Solvency Ⅰ，Solvency Ⅱ在第一支柱——量化风险的很多方面都改进了其计算理念和方法，例如准备金、其他资产和负债、自有资本等，其最重要的特征是风险导向（risk - based）。保险负债评估的市场一致性原则是 Solvency Ⅱ监管的一种重要特点。Solvency Ⅱ要求采用国际会计准则来计算公司的资产与负债情况，以市场的公允价值为标准。市场一致性原则要求充分暴露和准确评估保险负债中的市场风险，提高公司财务账簿的准确性，从而大大地提高了其科学性。

美国风险资本制度（RBC）监管体系是全球监管制度的另一种代表性模式。在 RBC 监管之前，美国的保险业偿付能力监管制度是各州各自监管，直到 20 世纪 80—90 年代爆发的责任保险危机和巨灾损失危机暴露了各州监管制度不一致的弊端。此后，各州开始统一采用美国保险监督官协会（NAIC）制定的财务监管指标，这被视为美国的第一代保险业偿付能力监管体系。1992 年美国保险监督官协会借鉴银行业的巴塞尔协议，建立并开始实施风险资本制度（RBC），此为第二代监管体系。2008 年国际金融危机爆发后，美国开始了偿付能力现代化计划（SMI），扩展原有的 RBC 制度的风险覆盖能力，被看作为第三代监管体系。

我国保监会在分析了原有偿付能力监管体系存在问题的基础上，也开始建设第二代偿付能力监管体系。2016 年开始，中国保监会正式启用第二代偿付能力监管制度体系，其实施对保险市场产生了深远影响。与偿一代侧重定量监管和规模导向的特征相比，偿二代采用国际通行的定量监管要求、定性监管要求和市场约束机制的三支柱框架。偿二代比偿一代的风险识别能力更强，能够科学、全面地计量和反映保险业面临的各类风险①。

表 1－2　　偿付能力监管改革的国际比较

	中国偿二代	欧盟 Solvency Ⅱ	美国 RBC
监管理念	接近 Solvency Ⅱ	通过准确反映资产负债的风险额潜在损失，识别出需要监管干预的公司	通过准确反映资产负债的经济价值，确定保险公司应该持有的资本
价值评估标准	中国会计准则（接近 IFRS）	国际财务报告准则（IFRS）下的公允价值	美国一般公认会计准则（GAAP）
风险测量模型	损失分布与压力测试	损失分布与压力测试	多风险因素分析
是否具有置信水平	是，99.5%	是，99.5%	否
量化风险	保险风险，市场风险，信用风险	保险风险，市场风险，信用风险，操作风险	保险风险，市场风险，信用风险，操作风险

资料来源：魏瑄（2015），偿二代下的保险资产管理研究报告。

① 可以具体参见中国人寿保险公司财务会计部课题组（2017）。

我国偿二代和欧盟 Solvency Ⅱ以及美国风险资本制度（RBC）监管既有共同点，同时也有区别之处。从监管体系思想和监管具体规则方面来看，偿二代紧跟国际保险监管发展趋势，更多地借鉴了欧盟 Solvency Ⅱ的三支柱体系与风险导向监管思想，并且在量化风险具体指标的方面也更接近于欧盟 Solvency Ⅱ。然而，偿二代监管在一些具体方面与欧盟 Solvency Ⅱ仍然存在一定的差异。本书关注的负债评估方法的重要差异是欧盟 Solvency Ⅱ监管文件采用市场一致性负债评估（market - consistent valuation）原则，但是我国偿二代监管文件并未明确要求市场一致性负债评估。

1.2.3 我国保险业第二代偿付能力监管建立并正进一步完善

中国保监会在 2012 年 3 月正式开启了我国第二代偿付能力监管制度体系的建设，并于 2013 年 5 月公布了《中国第二代偿付能力监管制度体系整体框架》，明确提出中国第二代偿付能力监管制度体系为“中国风险导向的偿付能力监管体系”（China Risk Oriented Solvency System，C - ROSS）。2015 年 1 月保监会正式发布共 17 项中国第二代偿付能力监管制度体系主干技术标准监管规则，标志着我国偿付能力监管新体系建设取得重大阶段性成果。2016 年，偿二代监管制度正式在保险全行业施行，拉开了我国保险业偿付能力监管的新历史篇章。

与欧盟 Solvency Ⅱ的监管思想类似，偿二代坚持风险导向以促进保险公司提升风险管理水平。偿二代对保险公司以往粗放式的发展模式形成有力制约，引导保险公司平衡业务增长、资本管理和风险控制，实现发展方式转型。此外，偿二代坚持风险导向兼顾价值的原则，在守住风险底线的前提下，增强风险与资本要求的相关性，科学合理地设定资本要求，避免资本冗余，有利于提高资本使用效率。偿二代推进了我国保险监管现代化建设，建立了以风险为导向、符合我国实际并与国际接轨的三支柱偿付能力监管体系；同时促使保险业增强风险管理意识，提升风险管理水平和风险抵御能力（陈文辉，2013）。

随着我国金融市场和保险市场的内外部环境变化，保险业监管面临新的风险和挑战。2017 年保监会为了进一步防控金融风险和改进偿二代监管制度体系，启动了偿二代二期工程。2017 年 8 月，保监会发布了《偿二代二期工程建设方案（征求意见稿）》，希望进一步提高偿二代监管制度体系的风险针对性。《征求意见稿》建设方案《关于完善监管规则的具体任务》第5条明确提出，要“调整修订和调整完善相关资产的认可标准和评估标准，修订完善保险合同准备金负债的评估标准，确保负债评估的稳健”以及“在核心资本中，审慎确认有效保单的剩余边际”。因此，我国偿二代二期工程建设致力于补齐监管短板，完善具体的监管制度，增强监管规则的科学性。

1.3　本书的研究内容与研究方法

1.3.1　研究内容

市场风险已经成为保险行业最主要的风险来源之一，对保险负债的评估方法提出了挑战[①]。在此背景下，选择合适的评估方法对保险负债中的市场风险进行“暴露”与合理评估成为重要的问题。欧盟 Solvency Ⅱ监管明确要求采用市场一致性评估方法[②]，为市场风险的合理评估提供了重要思路。

本书的研究内容分成以下 3 个部分，分别对应第 3 章、第 4 章和第 5 章：(1) 在单期模型中提出兼具市场一致性与精算性性质的保险负债公允评估方法，并研究基于（凸）对冲技术的具体实现方式；(2) 研究市场一致性负债评估方法的保守性程度，提出保守性程度的度量方法，并提出了

---

① 根据保监会 2014 年 6 月 30 日测试结果，我国财险公司的保险风险、市场风险和信用风险的最低资本占比分别为 48%、17% 和 35%；我国寿险公司量化风险主要是市场风险，寿险公司的保险风险、市场风险和信用风险的最低资本占比分别为 22%、66% 和 12%。

② 欧盟监管文件（Directive 2009/138/EC）中第 77 条提出了市场一致性负债评估的定义为“如果保险负债的现金流或部分现金流可以被金融工具或组合所复制，那么该部分现金流的评估价格应该等于金融工具或组合的市场价格”。

如何用损失厌恶凸对冲技术以实现不同保守性程度定价；（3）在多期模型中提出公允动态评估方法，并进一步研究基于（凸）动态对冲的具体实现方式。

本书在提出保险负债公允定价方法的同时始终关注其实际可行性与实现方式。由于公允评估方法可以基于对冲技术实现，我们提出和研究了一类特殊的对冲技术——（损失厌恶）凸对冲技术，用以实现对保险负债的公允评估。本书证明（凸）对冲定价方法很好地契合了偿二代与 Solvency Ⅱ 监管文件要求的寿险负债准备金评估由最优估计与风险边际组成的原则，且具有良好的监管适用性。

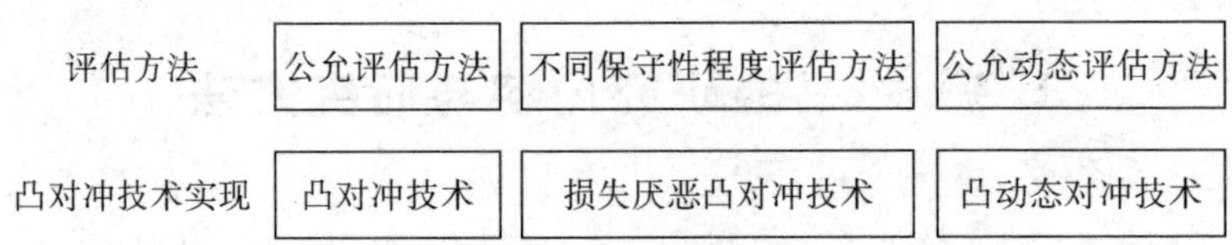

图 1－2　本书提出的评估方法与对应的凸对冲技术实现方法

本书的具体研究内容和工作包括以下几个方面：

（1）本书提出保险负债评估的公允定价方法，建立结合市场一致性与精算定价性质的保险负债公允评估方法，同时考虑市场价格信息和精算模型的作用。由于绝大多数的保险负债是复合保险负债，既与金融市场相关，也包含传统保险风险；仅强调或具有市场一致性的负债评估方法并不是合适的，其忽略了评估方法对于传统保险风险进行定价所需要的性质。本书第一个提出负债评估方法的精算性性质定义，并结合市场一致性提出保险负债公允评估方法：一方面，市场一致性原则要求定价对于负债中任何可以被复制的部分采用市场价格进行定价；另一方面，精算定价要求对传统保险风险的定价是基于精算模型的。本书证明公允定价法与对冲定价法的等价性，并具体给出公允定价基于（凸）对冲技术的具体实现方式。

（2）本书研究对冲方法对市场一致性负债评估方法的影响，提出风险测度衡量负债评估方法的保守性程度。基于对冲技术与评估方法保守性的关系，本书提出损失厌恶凸对冲技术用以实现不同的保守性程度。在市场一致性要求负债的可对冲部分的评估等于其复制或对冲组合的成本，因此，有赖于负债对冲技术的选取。本书从理论上研究对冲技术的选取与市场一致性负债评估方法保守性的关系。

（3）本书将保险负债公允评估方法拓展到多期模型中，提出公允动态定价方法。在实际经营中，保险公司实际承保的保险负债通常具有一定期限，保险负债公允动态评估方法具有时间维度上的时间一致性性质。在实现方式上，本书提出和研究基于凸动态对冲技术实现保险负债公允动态定价。

1.3.2 研究方法

本书的主要研究方法是基于理论模型对负债评估方法的数学性质进行理论研究，这也是市场一致性定价相关文献的主要研究方法。为了从理论层面研究保险负债评估方法，我们首先对保险负债类型及其与金融市场的关联进行数学抽象与定义，从数学定义上刻画保险负债评估方法。在此基础上，我们从理论上定义负债评估方法的市场一致性，提出精算性等性质，进而能够提出和研究保险负债公允评估方法的理论性质与实现方式。本书分别建立研究保险负债评估的单期与多期模型，并理论研究保险负债评估方法的数学等价性质。在各个章节中，为了解释理论结果，本书也采用数值模拟和应用例子分析作为理论结果的补充分析。

1.3.3 本书的结构安排

本书共分为 6 章。其中第 1 章为概论，介绍本书的研究问题、选题意义及选题背景，同时介绍了本书具体的研究内容及研究方法。

第 2 章为相关文献与研究背景，回顾了国内外保险负债精算定价与金融方式定价，以及市场一致性负债评估领域学界已有的理论研究成果。

在第 3 章中，本书在单期模型中提出了兼具市场一致性性质和精算性性质的保险负债的公允评估方法，并证明了公允定价法、对冲定价法以及两步定价法等评估方法之间的等价性，给出了公允定价的具体实现方式。

在第 4 章中，本书研究了精算保守性的概念与度量，同时分析了定价的精算保守性程度与残余风险之间的联系，在此基础上提出了对精算保守性的度量。进一步地，我们分析了实现更加保守的公允定价的不同方式，提出了损失厌恶对冲技术。

在第 5 章中，本书在多期模型中提出了保险负债的公允动态评估，并基于公允动态对冲技术实现讨论了其具体实现。进一步地，我们讨论了凸对冲技术在实现公允动态定价的等价性，并给出了理论和数值模拟分析。

最后，本书的第 6 章总结了本书的研究成果和主要创新点，指出了本书存在的不足之处，并对后续研究进行了展望。

第2章　相关文献与研究背景

随着保险产品的创新和发展，许多保险产品负债和金融市场关联越来越紧密，市场风险已经成为保险负债的重要风险来源。在此背景下，保险负债与金融市场的关联使得保险负债评估方法从传统的精算定价方法走向结合精算技术与金融定价方法的评估方法，不少文献研究了兼顾保险负债中的传统风险与市场风险的负债评估和定价方法。

本章对相关文献进行分类梳理，大致可以分为两类：第一类是与保险负债评估的市场一致性评估方法相关的研究；第二类是关于保险负债对冲技术的研究。最后，我们对我国偿二代与欧盟 Solvency Ⅱ监管的寿险负债评估规则进行了对比，并具体介绍 Solvency Ⅱ的市场一致性评估要求。

2.1　保险负债市场一致性评估的相关研究

2.1.1　保险负债定价的精算方法

精算定价方法的起源可以追溯到保险的产生，基于概率论和数理统计的传统的精算定价研究已有几百年的历史了。传统的精算定价方法主要是基于均衡保费的思想与方法。现代精算理论认为精算的主要职责之一是对保险负债的现金流进行预测并定价，基于精算模型的预测是保费测算、负债评估的基础，离不开对损失概率分布的估计。保费精算原则是基于风险分散原则，依据大数法则在物理测度下计算出期望值，并增加一定的风险补偿。传统精算思想和方法发展到今天已经相当成熟，可以分为寿险精算定价和非寿险精算定价等，常见的精算定价原则和方法可见 Bühlmann（2007）、Gerber（1979）、Kaas et al.（2008）等。

为了说明精算定价方法的核心思想，我们列举几种常见的方法，但是精算实务中所采用的模型要远比此更复杂。我们用 x 代表保险公司承保的保险负债，也即损失的变量分布；$\rho[x]$ 是利用精算方法计算出的保费价格或评估价格；$E[x]$ 与 $Var[x]$ 分别是物理测度下估计的损失概率分布的期望值与方差。传统的精算方法在保费测算上有赖于精算模型选取与损失概率分布估计。例如，关于非寿险的精算模型可以参见 Kaas et al.（2008），关于寿险模型可以参见 Norberg（2014）。

（1）净保费方法（net premium principle）：$\rho[x]=E[x]$，该方法并不要求风险附加，是精算方法中的基本方法。净保费方法假设当保险公司聚集了充分大的独立同分布的风险后，风险偏离预计的风险就可以忽略了。

（2）期望值保费方法（expected value premium principle）：$\rho[x]=(1+\theta)E[x]$，其中 $\theta>0$。该方法是建立在净保费方法基础之上的，补充了线性的风险附加，在保险经济学和风险理论中被广泛使用（Bowers et al.，1986）。

（3）方差保费方法（variance premium principle）：$\rho[x]=E[x]+\alpha Var[x]$，其中 $\alpha>0$。方差保费方法同样是建立在净保费方法基础上，补充了正比于方差的风险附加。Bühlmann（2007）研究了该方法，发现其与等效法的保费结果较为接近。

（4）标准差保费方法（standard deviation premium principle）：$\rho[x]=E[x]+\beta\sqrt{Var[x]}$，其中，$\beta>0$。该保费定价法也是由净保费方法衍生而来，附加了正比于标准差的附加风险。该方法经常被使用于财产保险与意外险的定价。Schweizer（2001a）和 Møller（2001）讨论了将标准差保费方法应用到动态金融市场定价中。

（5）等效用法（equivalent utility principle）：$\rho[x]$ 满足以下等式：$u(w-\rho[x])=E[u(w-x)]$，其中 u 是保险人的递增的凹效用函数，w 是保险人的初始财富。等式的左边是保险人不承担风险时候的效用，等式的右边是

保险人接受了 $\rho[x]$ 保费以承担风险 x 后的期望效用。$\rho[x]$ 是让保险人承保风险 x 时无差异的保费，被称为效用无差异保费。Von Neumann et al.（1947）、Borch（1992）等提出和研究了效用无差异保费定价。

2.1.2　保险负债定价的金融方法

一些早期文献研究了利用金融产品的定价方法对保险负债进行定价（简称“金融定价方法”）。利用对金融产品定价方法对保险产品进行定价可以追溯到 Brennan et al.（1976）提出的带有最低收益保证的投连险可以在 Black - Scholes 的期权定价模型中进行定价的理论。后来，Delbaen et al.（1989）在无套利市场假设下使用了鞅方法（martingale method）对非寿险产品进行了定价。Aase et al.（1994）将投资连结型保险负债的价格利用随机过程进行描述，并通过随机微分过程计算了保险负债保费市场价格。Briys et al.（1994）则是对具有最低保证收益的分红险的保费进行了计算，其模型也是通过随机过程刻画了诸如利率风险和股东价值等过程。

不同的金融方式定价方法或许在刻画诸如利率等因素时采用了不同的随机过程，但是采用金融方式对保险负债进行定价的一个最核心的思想是“无套利原则”：金融产品在市场的合理价格是使得市场不存在无风险套利机会的价格。Embrechts（2000）讨论了无套利原则下的金融方式方法在保险负债定价中的应用。我们结合 Embrechts（2000）的例子来说明金融方式定价中无套利原则的作用。同样，采用 x 代表保险公司承保的保险负债，其到期时刻为 T，也即其为$\mathcal{F}_T$-可测的。保险负债 x 的给付是基于基础变量 S 在$[0, T]$ 上的过程。例如，仍然考虑本书概论部分介绍的具有最低收益保证的变额年金产品，保险负债 x 的给付为：

$$x = \max(S_T, K)$$

那么 S 则为所有存活的被保险人的投资账户价值。类似地，如果保险负债 x 的给付结构类似于亚式期权（asian option），那么其给付可以表示为：

$$x = \max\left(\frac{1}{T}\int_0^T S_u\, du, K\right)$$

显然，如果对此类保险负债 x 采用精算方法进行定价，例如期望值保费方法或者方法保费方法，则精算师会根据变量 S 的历史信息推断其分布从而进行定价。在无套利定价方法中，形如期权形式的负债给付 $x=\max(S_T, K)$ 可以被无风险资产与 S 构成的组合所复制，因此其价格需要等于该组合的价格。易知，当市场是完备的时候，也即 S 是可交易资产时，该保险负债的定价就等于该复制组合的成本。此时，对于保险负债 x，无套利定价价格等于唯一的风险中性测度 $\mathbb{Q}$下的期望折现：

$$v_0 = E^{\mathbb{Q}}[e^{-r(T-t)}x]$$

然而，对于保险负债，更常见的情况是非完备市场情形，此时风险测度$\mathbb{Q}$就不再是唯一的。风险测度$\mathbb{Q}$是不同于真实物理测度$\mathbb{P}$的定价测度，测度$\mathbb{Q}$下的风险事件的发生概率不同于$\mathbb{P}$测度。金融方式定价问题往往等价成为了寻找合适的风险中性测度 $\mathbb{Q}$ 的问题。

虽然保险负债的创新使得其与市场风险关联性的不断加强，但是保险负债的风险来源仍然包括了如死亡率风险等传统保险风险。显然，对复合型保险负债完全采用传统的精算定价方法或者直接套用金融定价方法都不是合适的方法。在此背景下，一些文献开始研究精算定价与金融定价的结合方法。例如，Bühlmann（1987）在其展望性文章中提出精算师应该是在其日常工作中既使用精算模型，也使用金融模型。Embrechts（2000）的综述性文章对比了保险负债定价的精算方法和金融方法，并在应用于保险负债评估与定价场景中进行了讨论，对比和分析了精算模型所处的物理测度与金融方法所依赖的风险中性的等价鞅测度。再如，Schweizer（2001b）提出了将已有的精算定价方法拓展到考虑市场风险的模型中。Møller（2002）回顾和讨论了用于保险负债定价与对冲的金融方法，并着重讨论了均值对冲与定价方法。结合精算方法与金融方法的保险负债定价方法研究方向成为了普遍共识。特别是当 2001 年 5 月起欧盟正式开始成立 Solvency Ⅱ项目，保险负债的市场一致性定价与评估方法成为了监管和学术界的关注方向，具体如图 2－1 所示。

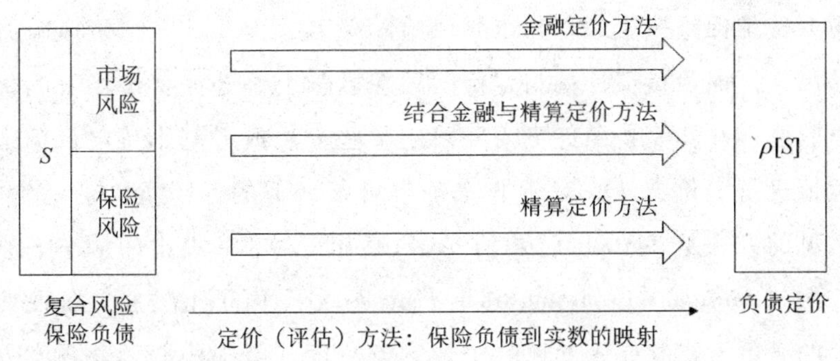

图 2-1　不同类型的保险负债定价方法示意图

2.1.3　保险负债的市场一致性定价方法

随着保险市场和金融市场的创新与发展，许多保险负债与金融市场具有很强的关联，其风险来源包括了市场风险与传统保险风险。在此趋势下，无论是传统的精算方法，还是完全的金融产品定价法，对于兼具传统保险风险与市场风险的复合保险产品都不是合适的方法。为此，以欧盟 Solvency Ⅱ为代表的新一代风险导向型保险监管提出了市场一致性保险负债评估方法。

欧盟 Solvency Ⅱ监管的市场一致性负债评估思想主张利用金融市场信息对负债中的市场风险部分进行评估。市场一致性保险负债评估是满足市场一致性性质的一类负债评估方法，其对保险负债中的任何可对冲或可复制部分均需要采用市场价格进行定价。该类评估办法使得保险负债评估和定价尽可能地与市场价格相一致，被称为“市场一致性”定价或评估。也即，Solvency Ⅱ采用对负债评估方法进行性质规定的方式，来使得保险公司采用合适的负债定价方法。市场一致性性质则是 Solvency Ⅱ认为的合适的性质。

在对应的数学问题上，市场一致性负债评估本质是一种非完备市场下的保险负债定价方法。金融市场的完备性对应着唯一等价定价测度满足无套利定价原理。但是在非完备市场下，无套利定价条件（no-arbitrage）只能限定部分合适的定价测度，并不能唯一确定定价测度。通常保险负债往往既包含传统保险风险，也与市场风险相关联，因为传统保险风险并不是可交易风险，保险负债评估与定价问题在数学上是非完备市场下的保险负债定价问题。在非完备条件下需要采用某些方法或者基于特定目标来确定保险负债进行定价方法。对于非完备市场条件下的保险负债的定价问题，一类常见的方法是 Frittelli（1995）和 Frittelli（2000）提出的最小熵原理鞅测度方法（minimal entropy martingale measure）。由于市场非完备性使得存在多个的满足无套利原则的风险中性定价测度，最小熵原理鞅测度方法选择与物理测度的相对熵值最小的风险中性测度来作为定价测度。Dhaene et al.（2015）将最小熵原理鞅测度方法应用于非完备市场下的保险负债的定价问题。另一类非完备市场下保险负债的定价方法是 Hodges et al.（1989）提出的无差异效用法（utility indifference approach），该方法主张保险给付的价格是让投保人效用无差异的价格。Musiela et al.（2004）提出了基于多期二叉树决定效用无差异价格的定价算法。Malamud et al.（2008）在期望效用理论的基础上提出了保险负债定价方法；Carmona（2009）对该理论进行了总结和阐述。简单总结，非完备市场下的保险负债定价方法需要通过选取和外加的限制条件来确定保险负债价格。例如，最小熵原理鞅测度方法是通过选择定价测度；无差异效用法是基于效用函数的无差异条件来确定价格，具体如图 2-2 所示。

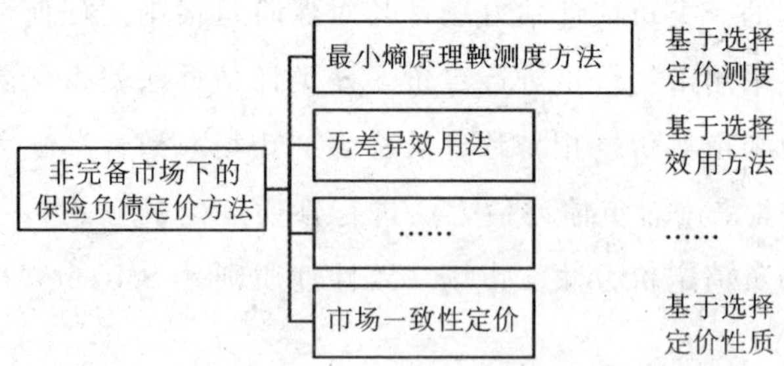

图 2-2　非完备市场下的保险负债定价方法示意图

市场一致性保险负债评估是在非完备市场条件下通过定价方法性质的选取来确定定价测度的一种方法。已经有不少文献对保险负债评估的市场一致性性质进行了研究。Moehr（2011）理论研究了保险负债的市场一致性定价并提出了分析框架，并基于资本成本法（cost - of - capital method）计算风险边际，给出了负债的市场一致性定价。Pelsser et al.（2014）在完备市场条件下对保险负债的定价进行了研究，提出了两步定价法（two - step valuation），该方法兼具市场一致性与时间一致性的性质。Wüthrich et al.（2008）结合 Swiss Solvency Test 和 Solvency Ⅱ系统地介绍和总结了保险负债的市场一致性定价的主要方法，并基于数学模型给出了市场一致性性质的刻画。Møller（2002）和 Steffensen（2000）的研究为保险的市场一致性定价与保单对冲建立了数学基础，充分考虑了保险负债的特殊属性。Møller et al.（2007）基于保险负债现金流的特性，并结合市场一致性定价与对冲的特点考虑寿险与养老金的评估与定价问题。简单总结，自从欧盟 Solvency Ⅱ项目正式设立开始，对于保险负债的市场一致性定价与评估方法的研究"百花齐放"，大部分研究工作是从理论上基于定价性质进行了研究，并关注市场一致性定价方法的实现。

不同的关于市场一致性方法的研究所考虑的模型设定也是不一致的。Dhaene et al.（2017）和 Barigou et al.（2018）在离散时间模型下研究了基于市场一致性原则的保险负债评估方法。也有一些文献基于连续时间下的随机过程模型研究市场一致性定价方法。Delong（2011）在连续时间的保险与金融模型中基于 Solvency Ⅱ要求讨论了市场一致性定价，并且考虑了对保险负债的静态与动态对冲。Barigou et al.（2018）在离散多期模型中研究基于市场一致性的负债定价，以及基于对冲技术的实现方式。Barigou et al.（2019）基于均值—方差对冲给出了在多期模型中保险负债市场一致性评估的实现方式。Pelsser et al.（2014）也是在多期模型中提出了两步定价法这一特殊的市场一致性定价方法。

本书的第 5 章也将在多期模型中研究保险负债动态定价方法，时间一致性相关文献也是一类重要的相关研究。时间一致性是多期模型中动态定价的一个重要性质，市场一致性定价的相关文献也常考虑定价的时间一致性性质（Barigou et al.，2018；Chen et al.，2019；Pelsser et al.，2014）。不少研究讨论了时间一致性定价，包括 Cheridito et al.（2011）、Acciaio et al.（2011）和 Föllmer et al.（2011）。一些文献提出和研究了保险负债评估方法的时间一致性性质，文献对于时间一致性的常见定义为：如果一个保险负债在时刻 $t+1$ 要确定优于另一个保险负债，那么该结论在时刻 t 时也成立。Acciaio et al.（2011）系统地研究了动态定价的时间一致性性质，包括强弱时间一致性等，并证明了不同时间一致性的定义之间的等价性，以及时间一致性动态定价的实现等价于递归迭代方式。通常来讲，时间一致性性质的实现需要基于动态定价在时间上的递归性（recursiveness）性质或者层级性质（tower property），具体见 Roorda et al.（2005）和 Kriele et al.（2014）。另外，也有一些文献在连续时间情形研究了定价方法或风险测度的时间一致性，例如 Frittelli et al.（2004）、Delbaen et al.（2010）、Pelsser et al.（2014）和 Feinstein et al.（2015）。

2.2 保险负债对冲的相关研究

由于欧盟 Solvency Ⅱ 监管要求市场一致性负债评估，对冲技术也与市场一致性定价关系越来越紧密。在市场一致性负债评估要求下，保单对冲和组合复制（replicating portfolios）方法已经广泛地适用于保险负债评估方法。随着保险精算与金融数学不断发展，保险和精算领域文献已经提出和研究了保单对冲（hedging insurance claims）方法。

对冲技术（hedge）指的是利用投资组合减低投资风险的投资技术。保险负债是保险公司承保的风险，保险公司可以利用金融工具组合对保险负债进行对冲，以减少风险敞口。一些文献已经研究了将保险负债作为对冲对象的对冲技术实现。首先，一类对冲方法是从保险产品角度对保险负债进行分解。例如，Grosen et al.（1999）对带有最低保证利率的分红险进行了定价分析，将其分解成无风险债券、分红期权和退保期权的组合。其次，另一类对冲方式是利用可交易金融资产对保险负债进行对冲组合求解。例如，二次对冲方法（quadratic approaches）是常见的用于在非完备市场中的保险负债对冲技术（Schweizer, 2001a）。二次对冲方法又可以进一步地再细分为由 Föllmer et al.（1985）提出的局部风险最小方法（local risk - minimization approach）、由 Bouleau et al.（1989）和 Duffie et al.（1991）提出的均值—方差对冲方法（mean - variance hedging approach）。二次对冲方法的核心思想是使得保险负债 S 的给付与对冲策略 θ 在期末时刻 T 的价格 V_T 的均方误差 $E[(V_T(\theta)-S)^2]$ 尽可能地接近。也即，对冲策略需要最小化该均方误差。此外，均值—方差对冲已经广泛地被应用于保险负债的对冲。均值—方差对冲在寿险产品中较为常见，这是因为通常寿险产品对金融市场具有较高的相关性（Thomson，2005；Dahl et al.，2006；Delong，2012）。Schweizer（1992）研究了对保险负债的均值—方差对冲（mean - variance hedging），并给出了对冲解。最后，在非完备市场下的超额对冲（super - replicating）方法也是一类对保险负债进行定价和对冲的方法（El Karoui et al.，1995）。超额对冲方法是基于在物理测度下寻找最小成本的自融资超额对冲策略或投资组合，使其对于保险负债 S 在真实测度下满足：$V_T(\theta)\geqslant S$，其中，T 是负债期末时刻，θ 是对冲策略或对冲组合；$V_0(\theta)=V_0^*$ 是负债进行超额对冲的最小成本。

不少文献研究了与市场一致性保险负债评估方法相关的对冲技术。原因在于：市场一致性保险负债评估方法实现与保险负债对冲技术具有很强的关联性。市场一致性保险负债评估需要利用对冲技术来确定可对冲的负债部分，以通过金融市场方式进行定价。Møller（2002）、Steffensen（2000）和 Delong（2011）关于对冲技术的研究给为联系保险负债的市场一致性评估和定价与保单对冲建立了数学基础。Dhaene et al.（2017）研究基于保险负债对冲技术实现市场一致性定价，在理论上联系了市场一致性定价与对冲技术。

由于均值—方差定价较为常见且容易实施，不少文献研究了将均值—方差对冲技术应用于保险负债的市场一致性定价（Dahl et al.，2006；Thomson，2005）。Tsanakas et al.（2013）采用了均值—方差对冲方法在离散时间模型下对保险负债进行了对冲并进行定价，讨论和对比了均值—方差对冲方法与资本成本法。Barigou et al.（2019）发现了市场一致性保险负债评估方法可以基于均值—方差对冲方式来实现，并证明了均值—方差对冲技术的诸多良好性质，特别是对于乘积型的保险负债。

2.3 偿二代与 Solvency Ⅱ监管的寿险负债评估要求

2.3.1 偿二代与 Solvency Ⅱ监管的寿险负债评估规则

欧盟 Solvency Ⅱ与我国偿二代监管都是风险导向型监管，充分重视保险负债中的市场风险评估。由于保险公司承保负债中与市场风险关联较为紧密的主要是寿险负债，本文研究的负债评估方法主要是用于寿险责任准备金评估或寿险保费计算。在本文中，寿险负债评估是指寿险未到期责任准备金的计算，寿险负债定价是指寿险负债保费计算。值得注意的是，欧盟 Solvency Ⅱ监管文件在提出关于保险负债评估方法的市场一致性要求时，并未具体区分寿险负债或者非寿险负债，并且强调市场一致性要求同时适用于原保险负债与再保险负债评估。然而，我国偿二代监管文件对寿险负债与非寿险负债进行了区分，其中寿险负债的评估规则与 Solvency Ⅱ较为相近。因此，如果没有特殊声明，本文中的保险负债通常指的是寿险负债。本文不区分负债评估与定价技术的使用场景，也即，本文提出的负债评估方法同时适用于寿险未到期负债评估与寿险负债定价。

欧盟 Solvency Ⅱ对保险负债准备金评估做出了详细的说明，规定准备金等于最优估计（best estimate）与风险边际（risk margin）之和：

$$\text{寿险负债评估} = \text{最优估计} + \text{风险边际} \tag{2-1}$$

Solvency Ⅱ监管文件明确了保险公司需要对保险负债采取市场一致性评估，要求对负债的可对冲（复制）部分采用市场价格信息进行评估。Solvency Ⅱ监管文件（Directive 2009/138/EC）中的第 77 条对技术准备金的计算（calculation of technical provisions）还规定“如果保险负债的现金流或部分现金流可以被金融工具或组合所复制，那么该部分现金流的评估价格应该等于金融工具或组合的市场价格”。Solvency Ⅱ提出负债评估的市场一致性要求参考的价格是指在市场上被有意愿双方公平交易时的价格。市场一致性定价原则利用了可观测的客观金融信息进行保险负债评估，相比于传统的定价方法，市场一致性方法对于负债评估给出了更为实际与客观的价值。

因为我国偿二代主要借鉴了欧盟 Solvency Ⅱ的监管思想，所以偿二代与 Solvency Ⅱ在寿险负债评估的计算公式上具有很多的相似。关于保险负债评估，偿二代文件明确：寿险负债准备金是以保险合同产生的预期未来现金流为基础进行计量，包括最优估计负债与风险边际两部分；其中最优估计负债是预期未来净现金流现值的最优估计，风险边际用于反映未来现金流的不确定性。偿二代监管文件《保险公司偿付能力监管规则第 3 号：寿险合同负债评估》中对于寿险合同负债的评估规定，寿险合同负债未到期责任准备金的计算公式为：

$$寿险负债评估 = 最优估计准备金 + 风险边际 \tag{2-2}$$

其中，监管规则规定最优估计准备金的计算公式为：最优估计准备金 = 现金流现值（PV）选择权及保证利益的时间价值（TVOG）。现金流现值（PV）应以保险合同产生的预期未来净现金流为基础进行评估。预期未来净现金流等于预期未来现金流减去预期未来现金流入的差额[①]。偿二代在寿险负债评估中采取了与 Solvency Ⅱ相似的风险边际评估，并规定了风险边际的评估方法。不同的是，偿二代对于保险负债的选择权及保证利益的时间价值（TVOG）的评估是基于监管给定的方法计算的。因此，偿二代监管在寿险负债评估规则与欧盟 Solvency Ⅱ监管十分相似，但又存在着差异。

2.3.2　市场一致性负债评估的监管要求差异

欧盟 Solvency Ⅱ和我国偿二代监管都要求对保险负债的评估由最优估

---

① 具体见《保险公司偿付能力监管规则第 3 号：寿险合同负债评估》中第四条、第七条和第八条。

计和风险边际两个部分组成，但是两个监管框架在保险负债评估的具体规则上存在着诸多差异。当然，是否采用市场一致性负债评估要求是二者最重要的差异。

首先，欧盟 Solvency Ⅱ规定对于保险负债评估要采用市场一致性思想，Solvency Ⅱ监管文件明确要求当存在可以用于复制和对冲的金融工具时，保险负债的评估要遵循市场一致性方法来进行评估。由于保险负债几乎没有交易市场，市场一致性要求是将保险负债中可以被金融工具所复制和对冲的部分充分利用市场价格信息来进行评估和定价。虽然偿二代对寿险负债的评估要求也同样由最优估计准备金部分和风险边际两个部分构成，并且最优估计部分也考虑选择权和保证利益的时间价值，但是并未对要求采用复制组合的市场价格进行定价。

其次，除了市场一致性负债评估要求之外，虽然 Solvency Ⅱ和偿二代监管在寿险负债评估的组成是相同的，但是二者的最优估计部分的计算方法存在着较大差异。Solvency Ⅱ对于最优估计的计算原则要求其能基于最新的可得信息和精算统计方法考虑负债现金流的时间价值。偿二代对于寿险负债的最优估计给出了具体的组成部分的计算公式，要求最优估计准备金由现金流现值和保证利益的时间价值（TVOG）组成。也即，偿二代对于寿险负债的最优估计具体方法进行了限定，特别是对时间价值部分。并且，监管规则还对 TVOG 的部分计算给出具体规定，其计算并不依赖于市场交易价格。因此，Solvency Ⅱ对于最优估计的计算规则与方法是相对宽松的，也允许对冲、组合复制等精算统计技术的使用，这也是在关于市场一致性的研究中涌现出大量关于负债对冲技术的相关文献的原因。相比而言，偿二代监管规则不允许最优估计的计算采用对冲技术，也即限制了利用金融工具的价格信息来对负债进行评估。

最后，Solvency Ⅱ和偿二代在负债评估的风险边际具体计算方法规定上也存在差异（见表 2－1）。常用的保险负债评估或定价的风险边际的计算方法包括资本成本法、分位数法和情景对比法等。Solvency Ⅱ监管规则明确规定基于标准模型的保险负债的评估要采用资本成本法进行风险边际计算。根据 Solvency Ⅱ监管文件，风险边际等于保险公司的偿付能力资本的成本，而在偿付能力资本的计算上 Solvency Ⅱ允许采用标准模型法（基于在险价值）与保险公司开发的内部模型。Solvency Ⅱ要求保险公司的内部模型需要通过相关部门的审批。相比而言，偿二代监管规定寿险合同负债中的风险边际的计算可以采用资本成本法或保监会认可的其他方法计算，如情景对比法等。关于寿险合同负债评估的 3 号文还对情景分析法中不利情景的参数假设进行规定。因此，从风险边际的计算规则来看，Solvency Ⅱ和偿二代都允许基于资本成本法计算风险边际，也允许其他监管批准的方法进行计算。但是，由于 Solvency Ⅱ对于内部模型法采用审批审核制，而偿二代只允许保监会规定的其他方法，Solvency Ⅱ对于风险边际的计算规则相对更具有多元性。

表 2－1　　偿二代与 Solvency Ⅱ的寿险负债评估规则比较

	Solvency Ⅱ	偿二代
监管文件	欧盟 Solvency Ⅱ监管文件（Directive 2009/138/EC）	《保险公司偿付能力监管规则第 3 号：寿险合同负债评估》
寿险负债评估组成	最优估计（best estimate）+ 风险边际（risk margin）	最优估计准备金＋风险边际
是否要求市场一致性评估	是	否
市场一致性负债评估	如果（再）保险负债的现金流或部分现金流可以被金融工具或组合所复制，那么该部分现金流的评估价格应该等于金融工具或组合的市场价格	—
最优估计的计算方法	基于最新的可得信息与精算统计方法	最优估计准备金 ＝ 现金流现值（PV）＋ 选择权及保证利益的时间价值（TVOG）

续表

	Solvency Ⅱ	偿二代
最优估计是否允许对冲	是	否
风险边际计算方法	资本成本法	资本成本法或保监会认可的其他方法计算，如情景对比法

资料来源：作者根据相关监管文件资料整理。

综上，欧盟 Solvency Ⅱ和我国偿二代在市场一致性寿险负债评估要求上存在着重要差异。关于偿二代二期的建设方案中的“修订完善保险合同准备金负债的评估标准，确保负债评估的稳健”的具体任务，欧盟 Solvency Ⅱ的市场一致性负债评估是重要研究和参考对象。

2.3.3 国内相关研究

大量的国外文献研究了欧盟 Solvency Ⅱ要求的市场一致性负债评估与实现技术；但是可能由于我国偿二代并未要求采用市场一致性保险负债评估，目前我国保险学界尚没有关于市场一致性保险负债评估方法的研究文献。国内研究中与本文相关的文章主要包含以下几类：

（1）关于偿二代监管下的寿险责任准备金评估方法的研究。

万历历（2016）分析了偿二代体系下寿险责任准备金的评估方法，并对最优估计、风险边际以及退保选择权及保证利益的时间价值（TVOG）等评估要素分别进行了理论介绍；发现偿二代准备金评估方法与偿一代相比更符合实际市场状况。郑苏晋等（2013）比较了寿险责任准备金风险边际的资本成本法、情景对比法以及分位数法三种方法，并采用二元模型以两全型保险产品为例进行了比较和分析。王灵芝（2015）研究了偿二代寿险准备金测算中的 TVOG 因子监管规则，认为 TVOG 因子偏低并可能导致寿险公司存在资本金不足的风险。张舒（2016）研究和讨论了偿二代 3 号文《寿险合同负债评估》中规定的基础利率曲线，基础利率曲线对寿险负债准备金评估和偿付能力监管具有重要意义。张连增等（2013）利用链梯法和 Mack 模型计算了 Solvency Ⅱ的负债评估准备金，发现其应用性优于

Solvency Ⅰ。但是，目前我国保险学界还没有关于市场一致性负债评估方法以及其可能对于偿二代二期工程启示的研究文献。

(2) 关于利用金融方式对保险负债进行定价或对冲的研究。

刘宛音等 (1999) 研究了将成熟的金融工具定价模型应用于保险负债的定价，对各种不同的保险负债的金融定价模型进行分类，并对有效性进行评价。卢仿先等 (2006) 提出和研究了资本成本法和期权定价法两种寿险负债公允价值评估方法。赵正堂 (2008) 梳理和回顾了将金融理论运用于保险定价的方法，包括资本资产定价模型、期权定价模型、套利定价模型以及评估模型等。钱林义 (2011) 研究了投资连结保险、变额年金等与证券连结保险的定价和风险对冲问题。徐楠楠等 (2010) 以权益估值理论为基础通过蒙特卡罗方法对具有利率保证收益的累积分红型寿险进行负债评估，对负债价值进行了分解。

(3) 关于保险负债的公允价值的问题。

国内关于保险负债的公允价值计量的研究更多是从会计角度出发，与本文讨论的、以及大量国外文献中的市场一致性保险负债评估方法中的公允定价概念存在差异。李荣林 (2010) 提出了基于未来各种可能情形产生现金流量的金额和时间及概率的估计方法计算求出加权平均数，再对该平均数进行风险边际调整的保险负债的公允价值计算方法。陈戈 (2009) 讨论和分析了评估保险公司负债的公允价值的现值法，包含了直接法与间接法两种等价方法。沈丁丁 (2007) 从会计计量角度探讨了寿险公司资产与负债的公允价值计量。

(4) 关于偿二代和 Solvency Ⅱ监管体系的研究。

国内已有一些相关文献研究了欧盟 Solvency Ⅱ监管，但是主要是定性研究，定量相关研究较少。朱南军等 (2008) 从定量要求、定性要求和市场约束等监管方面介绍了欧盟 Solvency Ⅱ监管体系。孙祁祥等 (2008) 介绍了欧盟 Solvency Ⅰ到 Solvency Ⅱ的历史演进与方法框架，并介绍了基于 Solvency Ⅱ的启示。石晓军等 (2008) 对 Solvency Ⅱ监管与动态财务分析 (DFA) 进行了综述和研究。陈志国 (2008) 和姜波等 (2010) 分别梳理和介绍了 Solvency Ⅱ监管体系以及具体进展。周桦等（2014）研究了欧盟 Solvency Ⅱ采用的利率模型在中国市场的应用。

另外一些国内文献关注了偿二代监管与偿一代的对比，以及偿二代的实施对于保险经营一些方面的影响。周华林等（2017）在框架体系、监管内容和监管要求等多方面都对比了我国偿一代与偿二代两代保险监管制度。沈立等（2014）运用实际数据测算发现偿二代的资本要求与95%置信水平下的资本要求结果比较接近。陈秉正等（2016）和何宇佳等（2016）在偿二代实施背景下研究了资产负债匹配的双驱动模型。除了以上文献外，还有其他关于偿二代对保险公司经营影响的研究，由于与本文并不特别相关且限于篇幅，就不具体介绍。

综上所述，国内文献对于 Solvency Ⅱ研究还是以定性为主，主要研究监管思想和框架，比较缺乏定量研究。虽然市场一致性保险负债评估是重要的保险负债的市场风险监管思想，并具有欧盟 Solvency Ⅱ的实践经验与大量国外相关研究关注；但是目前国内还没有基于市场一致性要求的保险负债评估方法或对冲技术的相关研究。因此，本文对市场一致性保险负债评估方法的理论研究具有填补空白和抛砖引玉的意义。

第 3 章　保险负债的公允评估：结合市场一致性与精算性

3.1　本章引言

在 2008 年金融危机以后，许多国家对保险业偿付能力的监管经历了重要的改革，加强了对市场风险的监管。欧盟 Solvency Ⅱ对偿付能力监管和瑞士偿付能力压力测试都要求保险公司采用市场一致性原则对保险负债进行评估。不同于资产的公允评估或定价具有明确的市场交易价格，保险负债的公允评估由于缺乏交易市场从而显得较为复杂。负债评估的市场一致性定价思想要求负债中与金融市场相关联的部分采用市场价格进行评估或定价，为实现保险负债的公允评估提供了一个重要思路，特别适用于对证券连结型的寿险负债的评估。保险负债的市场一致性评估原则是我国偿二代监管体系暂未采用的，也与偿二代二期工程建设方案中明确提出的进一步研究和修订完善负债评估标准的任务密切相关。

保险负债评估方法在数学本质上是从保险负债给付到实数的一种映射。显然，这样的映射有无穷多种，但合适的负债评估方法需要具有一些良好的、符合实际市场和监管要求的性质。换言之，我们需要通过负债评估方法的具体性质来“筛选”出合适的负债评估方法。

市场一致性性质也是 Solvency Ⅱ监管认为合适的负债评估方法所应该

具有的性质。对于满足市场一致性性质的负债评估方法，任何可以被金融工具所复制的负债部分的评估价格等于复制组合的市场价格[①]。由于欧盟 Solvency Ⅱ的市场一致性负债评估思想提出较早，已经有许多学术研究关注了市场一致性负债评估方法，如 Malamud et al. （2008）、Artzner et al.（2010）和 Pelsser et al. （2014）等。这些文献从理论性质和实现方式角度研究了欧盟 Solvency Ⅱ提出的市场一致性负债评估原则，但是普遍忽略了负债评估方法除了市场一致性之外还需要满足的其他方面性质，例如，基于精算模型的风险性质等。

本章的研究是基于如下的现实观察：仅具有市场一致性性质的负债评估方法并不是合适的负债评估方法。在此基础上，本章在理论上研究合适的基于市场一致性性质的负债评估方法。

3.1.1 问题的现实来源

本章的研究对象是保险负债的评估方法的理论性质与实现。由于本章内容理论性较强，为了对本章的内容进行更清晰和具体的介绍，我们首先通过示例介绍本章研究的负债方法的实际问题的具体来源。

设想一个具有最低保证收益的证券连结型保险负债 S，对保险期满时仍存活的被保险人提供的保证收益与投资表现相关的给付[②]，

$$S = I_{Surivival} \cdot \max(Y, K)$$

其中，$I_{Surivival}$是个体存活的指示变量。该保险负债考虑了死亡率风险与市场风险，在现实情形中的一个典型例子是变额年金保险。保险公司需要对该保险负债进行保险责任准备金评估计算，根据相关监管要求，此类保险负债的准备金评估需要同时反映投资账户与保证收益责任的影响因素[③]。

---

① 本章的下文将具体给出负债评估方法的市场一致性性质的数学定义。

② 关于更多具体介绍请回顾前文引言部分。

③ 例如，《变额年金保险管理暂行办法》要求变额年金保险责任准备金由单位准备金、非单位准备金和保证利益准备金三部分构成；《万能保险精算规定》责任准备金由账户准备金及非账户准备金两部分构成。

一方面，合适的负债评估方法需要满足对传统保险风险，如死亡率的大数法则性质或风险分散性质特征。也即，平均每份保单的评估价格应该随着保单总数的增加而呈递减趋势。因此，一些传统的精算定价方法就具有该性质，如方差保费法和标准差保费法等方法。另一方面，由于该保险负债 S 的给付与金融市场具有很大的关联性，合适的负债评估方法也应该充分考虑到负债评估方法需要将金融市场信息反映在 S 的市场风险部分评估上。

传统的精算定价方法是基于真实物理测度，并且是基于模型的，并不能反映出市场风险。仍以该保险负债 S 为例，其保证收益责任部分成本本质上是一个以生存为给付条件的基于投资组合的看涨期权价格。如果保险公司采用传统的精算方法对其进行评估，则只能依据该投资组合的历史表现对该保证收益责任部分进行基于如 Black - Scholes 模型进行参数拟合与评估定价，在本质上是基于历史信息的评估方法，不能及时反映市场的变化。由于投资组合的市场风险及其市场预期是实时地反应在其股票价格或期权价格中，传统的精算评估方法无法利用这一信息。在市场风险剧烈波动时，传统的精算评估方法则无法在负债 S 的评估或定价中及时体现出这一风险变化。因此，传统的精算评估方法无法及时感知市场风险，对此类保险负债 S 并不是合适的评估方法。

类似地，一些能及时反映保险负债 S 市场风险的评估方法也并非完全合适的方法。例如，许多对金融工具进行定价的评估方法都能满足市场一致性性质，如基于无套利的期权定价方法。但是，如果保险公司完全将该保险负债 S 当作投资组合的看涨期权来对其进行定价，在反映市场风险的同时却忽略了被保险人的死亡率风险与分散效应。原因在于，被保险人的死亡率风险是该保险负债 S 的风险组成，也是其保证利益给付的前提条件。然而，被保险人的死亡率风险通常并不在金融市场上被交易与定价，期权定价方法也并不会考虑到保单数目的风险分散作用，所以并不是合适的评估方法，具体如表 3 - 1 所示。

表 3-1　传统精算评估方法与一般市场一致性评估方法的比较

负债评估方法	特征	优势（适用于）	劣势（不适用于）
传统精算估计方法	基于历史信息	传统保险风险	市场风险
一般市场一致性评估方法	基于市场信息	市场风险	传统保险风险

简单总结，无论是传统的精算评估方法，还是只满足市场一致性的金融方式评估方法，都并不是对此类保险负债 S 进行评估的合适方法。本章的研究问题正是基于这一现实问题来源，在理论上提出合适的负债评估方法需要具有的性质。

3.1.2　本章的学术贡献

从上文分析可知，仅依据市场一致性性质，我们难以“筛选”出真正合适的保险负债评估方法。这是由于绝大多数的保险负债既不是完全可以被金融工具所复制的，也不是传统意义上的保险负债，而是在与金融市场相关联的同时还包含传统保险风险。显然，对于保险负债中的传统保险风险如死亡风险的合理评估方式应该是需要依赖历史数据与精算模型。虽然精算方法和学科已经具有上百年的历史，在当前精算方法与金融定价方法日趋融合的背景下，尚未有关于负债评估方法研究的文献给出了精算定价的数学含义。通常，文献对精算定价或模型的一般理解包括了如下几个特点：符合大数定理、基于历史信息以及基于精算模型。但是，这些概念并未量化成为和市场一致性性质类似的基于数学语言描述的定义和性质。本章第一个尝试给出了较为广义的保险负债评估方法的精算性性质，该性质要求保险负债评估方法能“识别”传统保险负债，并在传统保险负债评估时不依赖于金融市场。

由于复合型保险负债兼具传统的保险风险与市场风险，本章认为，合适的保险负债评估方法也需要兼具传统精算定价和金融方式定价特点。以 Solvency Ⅱ 为代表的风险导向型监管已经将金融方式定价特点具体化成了市场一致性性质要求，本章提出合适的负债评估方法应该是兼具本章提出的精算性特征和市场一致性性质的评估方法，我们将此类方法称为保险负债的公允定价。公允价格（fair value）通常指的是普遍公认或者承认的价格，常为市场交易价格。本文将提出的同时结合金融数学和精算科学方法的保险负债评估方法称为公允定价方法的原因在于其同时考虑来自金融市场的信息和精算师对风险的可得历史信息与精算模型的判断，在实现方式上已经尽可能地反映了公允的交易价格信息[①]。

本章在单期模型中提出了保险负债公允评估定价方法，公允评估方法需要兼具市场一致性（对负债的完全可对冲部分采用基于市场价格的定价）和精算性（基于模型的定价）的特征。在理论上提出了合适的负债评估方法后，我们需要解决公允定价方法的具体实现问题。因此，本章提出了两类公允定价的具体实现方式：

（1）对冲定价法：选择对冲技术决定负债的最优对冲组合并依据市场价格定价，剩余部分则依据精算模型定价（见图 3 - 1）；

（2）两步定价法：先将保险负债映射到基于金融工具价格的给付函数（条件定价），再选择等价鞅测度对给付函数进行定价[②]。

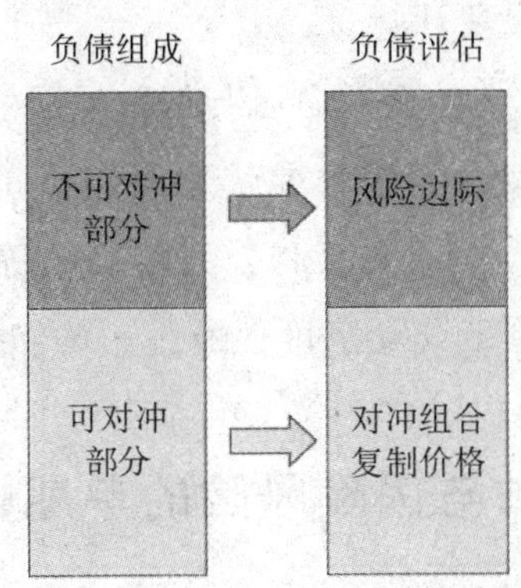

图 3 - 1　保险负债对冲定价方法示意图

与两步定价法相比，本章提出的对冲定价法具有良好的实操可行性。

① 同时也因为作者的相关英文学术论文采用 fair valuation 以及和 Solvency Ⅱ 监管文件采用 fair value 这一术语，所以本文采用“公允定价”这一翻译。

② 本章在单期模型下提出的两步定价方法与 Pelsser et al.（2014）提出的方法具有差异，并不要求市场完备性。

对冲定价方法对于保险负债的公允评估实现有赖于对冲技术：可对冲部分的评估价格依赖于市场价格，不可对冲部分的评估价格是基于精算模型的风险边际计算。同时，对冲定价法在实现组成上与偿二代及 Solvency Ⅱ要求的最优估计与风险边际之和的结构是一致性的，具有良好的实务适用性。

3.1.3 本章结构安排

本章考虑最一般的负债情形：金融市场是不完备的，也即绝大多数的保险负债是不能被完全复制的。本章建立单期模型对保险负债评估方法进行分析，从理论上提出和研究保险负债公允定价方法的一般性质、等价性质与实现方式，但并不区分对保险负债进行评估或者定价的具体场景。也即，本文始终不对保险负债评估和定价方法是为了准备金计算还是为了保费计算目的进行区分。因此，本章所提出的公允定价方法既可以用于负债评估与准备金评估和技术性准备金（technical provisions）计算，也可以适用于对负债进行定价与保费计算。

本章的安排如下：3.2 节介绍金融与保险风险的单期模型设定；3.3 节提出基于市场一致性的保险负债公允定价法，并介绍公允对冲器；3.4 节提出和研究对冲定价法，并证明其和公允定价的等价性；3.5 节介绍了两步定价法并证明其也等价于公允定价；最后 3.6 节总结本章。

3.2 金融与保险风险的单期模型设定

本章将在本节建立的金融与保险风险的单期模型设定下，研究保险负债定价的市场一致性性质，并提出公允定价方法。本章考虑金融与保险模型处于概率空间（Ω，$\mathcal{G}$，$\mathbb{P}$），定义保险负债给付是在该概率空间下的随机变量①。在单期模型中，本章考虑当前时刻为 0，保险负债到期时刻为 1，保险公司需要在当前时刻对保险负债进行评估或者定价。在该模型中，随机事件的发生概率是指在真实物理测度 $\mathbb{P}$ 下的概率。

3.2.1　资产与交易策略

在本章的单期模型中，金融市场中共有 $n+1$ 个交易资产。为了简便，这些资产被编号为 0，…，n，并在具有充分流动性和无摩擦（无交易成本）的市场中交易，可以以任何连续数量的单位进行买卖。编号为 0 的资产是无风险债券，其期初价格 $y^{(0)}=1$，期末给付为 1，其中，$r\geqslant 0$ 为给定的连续时间下的无风险利率。此外的 n 个资产是风险资产，标记为 1，…，n，这些资产的期末价格都是不确定的。在时刻 0，风险资产 $m\in\{1,2,\cdots,n\}$ 的当期价格标记为 $y^{(m)}>0$，其在时刻 1 的不确定价格标为 $Y^{(m)}\geqslant 0$。将所有可交易资产在初始时刻 0 和期末时刻 1 的价格分别用向量 y 和 Y 来表示，记为：

$$y=(y^{(0)},\ y^{(1)},\ \cdots,\ y^{(n)})$$

和

$$Y=(Y^{(0)},\ Y^{(1)},\ \cdots,\ Y^{(n)})$$

定义交易策略 $\theta=(\theta^{(0)},\ \theta^{(1)},\ \cdots,\ \theta^{(n)})$ 是一个 $n+1$ 维的实值向量，其中 $\theta^{(m)}$ 代表在时刻 0 投资在编号 m 的风险资产的头寸。因此，在时刻 0 和 1，交易策略 θ 的投资组合价值分别为：

$$\theta\cdot y=\sum_{m=0}^{n}\theta^{(m)}y^{(m)}$$

和

① 这是对模型的数学抽象表示，任意的 $\omega\in\Omega$ 代表了该金融模型中的设定在时刻 1 下的一种可能的状态。例如，ω 可以代表这样一个组合：在时刻 1 下道琼斯指数（Dow Jones Index）的所有的成分股的价格、以及某个时刻 0 时给定的特定人群中幸存者的数量。σ – 代数 $\mathcal{G}$ 代表了在该单期设定下所有可能出现的事件数。模型假设在物理测度 $\mathbb{P}$ 下，所有负债给付的一阶与二阶矩（first and second moment）均存在。

$$\theta \cdot Y = \sum_{m=0}^{n} \theta^{(m)} Y^{(m)}$$

本章将所有的交易策略的集合记为 Θ。在本章的单期模型设定下，任何交易策略都是静态的，也即在时间区间［0，1］中交易策略始终保持恒定。

值得注意的是，我们假设这 $n+1$ 个交易资产都是非冗余的（non－redundant），也即不存在异于 $0=(0, 0, \cdots, 0)$ 的交易策略 θ 使得 $\theta \cdot Y = 0$，则：

$$\theta \cdot Y = 0 \Rightarrow \theta = 0 \tag{3-1}$$

在本章中，除非特殊提及，关于随机变量的等式，例如 $\theta \cdot Y = 0$ 都是指在测度 $\mathbb{P}$ 下成立。同时，假设金融市场是无套利的（arbitrage－free），即不存在一个交易策略 $\theta \in \Theta$ 使得

$$\theta \cdot y = 0, \quad \mathbb{P}[\theta \cdot Y \geqslant 0] = 1 \quad 并且 \quad \mathbb{P}[\theta \cdot Y > 0] > 0$$

根据著名的无风险套利市场推论，无风险套利条件说明存在着等价鞅测度，但不必是唯一的。市场的完备性（market completeness）则要求只存在唯一的等价鞅测度，具体可参见如 Dalang et al.（1990）。

3.2.2 负债类型

在单期的模型中，保险负债给付（payoff）仅存续 1 期，记当期时刻为 0，到期时刻为 1。所有的保险负债给付（claims）的集合为 C。根据保险负债与金融市场的不同的关联程度或被金融资产的可复制程度，可以把保险负债分成如下类型：完全可对冲负债、正交负债和复合负债。可复制程度指的是保险负债现金流可以被金融资产组合所复制的程度。具体如图 3－2 所示。

图 3－2 保险负债类型示意图

定义 3.1（完全可对冲负债给付）：完全可对冲负债给付（hedgeable claim）S^h 是属于负债给付集合 C 中可以被一个交易策略 $\nu=(\nu^{(0)}, \nu^{(1)}, \cdots, \nu^{(n)})\in\Theta$ 所复制的负债给付：

$$S^h = \nu \cdot Y = \sum_{m=0}^{n} \nu^{(m)} Y^{(m)} \tag{3-2}$$

定义 C^h 为所有的完全可对冲负债给付的集合。根据定义易知，完全可对冲负债给付 $S^h=\nu\cdot Y$ 在时刻 0 的价格等于：

$$\nu \cdot y = \sum_{m=0}^{n} \nu^{(m)} y^{(m)} = e^{-r}\,\mathbb{E}^{\mathbb{Q}}\{S^h\} \tag{3-3}$$

其中，$\mathbb{Q}$为等价鞅测度。非冗余假设（3－1）确保了任意的完全可对冲负债给付的对冲都是唯一的。

接下来，本章介绍与金融市场完全独立的保险负债类型——正交负债。为了方便下文的数学表述，将两个随机向量变量 X 和 Y 在物理测度$\mathbb{P}$下的独立性（$\mathbb{P}$－independent）记为 $X\perp Y$。

定义 3.2（正交负债给付）：正交负债给付（orthogonal claim）$S^{\perp}$ 是属于负债给付集合 C 中与所有风险资产 $Y^{(m)}$，$m=1, \cdots, n$ 在测度$\mathbb{P}$下独立的（$\mathbb{P}$－independent）的负债给付：

$$S^{\perp} \perp (Y^{(1)}, Y^{(2)}, \cdots, Y^{(n)}) \tag{3-4}$$

本章将所有的正交负债给付的集合记为 $C^{\perp}$。值得注意的是，到期给付确定的保险负债，例如到期给付确定为 $a\in\mathbb{R}$的负债，既是完全可对冲负债给付，也是正交负债给付。这是因为给付确定的保险负债可以被无风险资产完全复制，也与风险资产价格独立。通常，传统意义上的保险风险通常是正交负债，因为几乎与金融资产是独立的。例如，当金融市场不存在任何与死亡率相关的金融工具时，死亡率风险通常可以被认为是与金融资产相独立的。因此，以死亡为给付条件的固定保额传统寿险产品就可以看作是一种正交负债。

随着保险市场与金融市场的发展，绝大多数的保险负债给付既不是完全可对冲的，也不是正交的保险负债，而是给付与风险资产价格相关的负债。本章将这类保险负债称为复合负债（hybrid claims）。

定义 3.3（复合负债给付）：复合负债给付（hybrid claims）S 是属于负债给付集合 C 中既不属于完全可对冲，也不属于正交的负债给付：

$$S \in C/(C^h \cup C^{\perp})$$

证券连结型保险负债的给付同时包括了金融风险部分（可对冲）与精算风险部分（不可对冲）组合构成，如万能险、投连险和分红险等。许多新型的证券连结型寿险合同是复合负债给付。保险风险的证券化正在逐渐扩大复合保险负债的范畴。随着越来越多保险风险在资本市场的引入，如巨灾债券、气象指数衍生品、长寿风险债券等新兴的资本市场工具，许多传统的保险风险如死亡率风险等逐渐成为与金融市场相关联的风险。

通常来讲，对于完全可对冲负债给付或者正交负债给付的公允定价比较明确和具有普遍的共识。前者的公允价格等同于构建一个复制组合的成本，后者的公允价格等于其现金流最优估计的现值和风险边际。但是，对复合负债给付进行评估和定价通常是不清晰的和需要探索的问题。接下来，本章将研究对于复合保险负债给付的评估和定价方法，并结合市场一致要求进行性质研究和提出具体实现方式。

3.3 公允定价方法

本节研究保险负债评估与定价方法的性质，第一个提出了保险负债评估方法的精算性性质，该性质是被大量文献所忽略的重要性质。我们提出了结合市场一致性与精算性性质的保险负债公允定价方法。为了便于表述，本文此处以后将保险负债评估与定价方法简称为定价（valuation），一是由于评估与定价在 Solvency Ⅱ 监管文件中均对应英文单词 valuation；二是本文研究的保险负债评估与定价方法并不区分责任准备金评估和保费计算。

本节首先明确了负债定价的定义，指的是任何给付 $S \in C$ 到一个实数的映射。在此基础上，本节介绍和研究了具有不同性质的负债定价。此外，我们也介绍了不同类别的负债对冲器，对冲器是从负债给付到交易策略的映射。本节提出了兼具市场一致性性质和精算性性质的保险负债公允定价与对冲器，并将在后文证明二者的等价性。

3.3.1　公允定价

本节在单期模型中对保险负债定价方法的市场一致性、精算性等性质进行了数学定义。基于保险负债定价方法的不同性质，我们对保险负债类别进行了分类。在此基础上，我们提出了同时具有市场一致性性质（对可复制或对冲的负债部分采用市场价格的）以及精算性质（对不可对冲风险采用基于模型定价）的保险负债公允定价。

首先，明确保险负债的定价定义。

定义 3.4（负债定价）：负债定价（valuation）是从负债给付到实数的映射 ρ：$C\to\mathbb{R}$，将任何的负债给付 $S\in C$ 映射成为一个实数：

$$S\to\rho[S]$$

并且 ρ 具有归一性（normalization）：

$$\rho[0]=0 \tag{3-5}$$

和现金平移不变性（cash translation invariant）：

$$\rho[S+a]=\rho[S]+e^{-r}a\text{，对于任意的 } S\in C \text{ 和 } a\in\mathbb{R} \tag{3-6}$$

负债定价 ρ 对于任何负债给付给出了对应的实数值，因此，其同时可以适用于保险负债评估与定价的应用场景。根据负债定价的定义，对于给付确定的保险负债，任意的负债定价 ρ 都会给出如下定价：

$$\rho[a]=e^{-r}a\text{，对于任意的 } a\in\mathbb{R} \tag{3-7}$$

根据保险负债定价的数学定义可知，该性质是所有定价普遍满足的。除了普遍满足的性质之外，负债定价可能具有一些其他的性质，以下为两个常见性质举例。

（1）正齐次性（positive homogeneous）：负债定价 ρ 是正齐次的如果其满足：

$$\rho[aS]=a\rho[S]\text{，对于任意实数 } a>0 \text{ 和任意的 } S\in C$$

（2）次可加性（subadditive）：负债定价 ρ 是正齐次的如果其满足：

$\rho[S_1+S_2] \leqslant \rho[S_1]+\rho[S_2]$，对于任意的 $S_1, S_2 \in C$

保险负债的市场一致性性质是重要的定价性质，市场一致性定价（market-consistent valuation）是欧盟 Solvency Ⅱ监管对于保险公司负债评估和定价的要求，是具有如下性质的重要负债定价类别。

定义 3.5（市场一致性定价）：市场一致性定价是使得负债的任何可对冲部分的定价是市场一致性（marked to market）的负债定价 $\rho: C \to \mathbb{R}$，满足：

$$\rho[S+\nu \cdot Y]=\rho[S]+\nu \cdot y\text{，对于任意的 } S \in C \text{ 和任意的 } \nu \cdot Y \in C^h \tag{3-8}$$

在研究市场一致性定价的相关文献中，市场一致性性质的定义通常等价于本节的条件式（3-8），例如具体可参见 Kupper et al.（2008），Artzner et al.（2010）和 Pelsser et al.（2014）。在数学性质上，市场一致性定价条件式（3-8）可以被理解成是对于完全可对冲负债的平移不变性性质的拓展，是从对实数（现金）的平移不变性拓展到了对负债给付。

市场一致性定价条件也等价于如下表达式：

$$\rho[S]=\rho[S-\nu \cdot Y]+\nu \cdot y\text{，对于任意的 } S \in C \text{ 和 } \nu \cdot Y \in C^h \tag{3-9}$$

为了方便理解式（3-9），我们进一步对市场一致性定价定义进行举例解释。例如，假设考虑一个被保险人面临或有损失 S，其有两种方式进行风险转移。在第一种转移方式下，该被保险人可以选择将整个或有损失 S 转移给保险公司。第二种转移方式是其可将或有损失 S 分成一个完全可对冲部分 $\nu \cdot Y$，和一个剩余部分 $S-\nu \cdot Y$。该被保险人可以通过在金融市场上投资于对应的组合策略来实现复制完全可对冲的负债部分，并将剩余部分转移给保险公司。符合市场一致性定价条件式（3-9）的负债定价能够保证这两种风险转移安排方式对于该被保险人的成本是一样。换而言之，保险公司对于可对冲的负债的定价原则是与市场定价相一致的，并不会对负债中完全可对冲的部分收取风险边际。根据式（3-9）可得，对于任意的完全可对冲的负债给付 $S^h=\nu \cdot Y$，有：

$$\rho\left[\nu \cdot Y\right] = \nu \cdot \gamma \tag{3-10}$$

表明完全可对冲负债的市场一致性价格等于其对应对冲组合的价格。

在市场一致性定价的具体实现方式上，相关文献提出了多种市场一致性评估具体实现方法。但是，有些方法存在着难以操作等缺点，如要求市场具有完备性等。此外，在具体实现方式上，一般的市场一致性定价方法在强调市场的作用的同时，往往忽略了传统精算模型部分的作用。接下来，本文从数学定义提出了另一类重要的负债定价方法——精算性定价（actuarial valuation）。

定义 3.6（精算性定价）：精算性定价是满足对于正交负债的定价是基于模型（marked to model）的负债定价 $\rho: C \rightarrow \mathbb{R}$，满足：

$$\rho\left[S^{\perp}\right] = e^{-r}\mathbb{E}^{\mathbb{P}}\left[S^{\perp}\right] + \mathrm{RM}\left[S^{\perp}\right]，对于任意的 S^{\perp} \in C^{\perp} \tag{3-11}$$

其中，$\mathrm{RM}: C^{\perp} \rightarrow \mathbb{R}$是从正交保险负债到实数值的映射，并不依赖于市场风险交易资产的现价（$\gamma^{(1)}$，$\gamma^{(2)}$，…，$\gamma^{(n)}$）。

值得注意的是，虽然存在着大量的精算方法、技术和模型的文章，但是定价理论中并没有关于精算性性质的相关定义。本文提出的精算性定价性质是相对广义的，仅要求对于正交负债给付定价的风险边际部分与金融市场信息无关。精算性定价定义中的基于模型定价条件式（3-11）指的是任何正交负债的定价是由精算模型计算的。例如，在 Solvency Ⅱ和偿二代监管下，精算性定价是由最优的估计部分 $e^{-r}\mathbb{E}^{\mathbb{P}}\left[S^{\perp}\right]$ 与风险边际部分 $\mathrm{RM}\left[S^{\perp}\right]$ 组成。同时，因为精算性定价属于负债定价，所以满足归一性，所以风险边际部分需要满足 $\mathrm{RM}\left[0\right]=0$ 和 $\mathrm{RM}\left[S^{\perp}+a\right]=\mathrm{RM}\left[S^{\perp}\right]$。精算性定价方法 ρ 的选取，特别是风险边际部分（RM），在实务中通常取决于监管相关规定等因素。精算性定价体现了精算师和精算模型在保险负债评估中的作用。

接下来，本章通过举例来说明精算性定价对正交负债进行评估和定价。许多传统精算定价方法是精算性定价，同时也满足风险分散原则，这也是市场一致性定价所不满足的特征。

例 3-1（精算性定价：基于资本成本法的正交负债定价）：假设某保

险公司承保了某类固定期限的正交保险负债，其到期总负债给付为：

$$S^{\perp} = \sum_{i=1}^{N} X_i$$

其中，$N \in \mathbb{N}$ 是保单总数，且 X_1，X_2，…，X_N 是不同保单的损失赔付。每个保单的赔付给付都正交保险负债，与交易资产价格（$Y^{(1)}$，$Y^{(2)}$，…，$Y^{(n)}$）独立。因此，保险公司的负债给付 $S^{\perp}$ 是所有保单的总赔付，由于该负债给付与交易资产独立，从而不可被交易工具对冲。

根据 Solvency Ⅱ 和偿二代对寿险合同负债评估的规定，寿险负债的未到期责任准备金为最优估计准备金和风险边际之和。根据该负债评估原则，保险公司对该正交负债的定价 $\rho[S^{\perp}]$ 计算如下：

$$\rho[S^{\perp}] = e^{-r}\mathbb{E}^{\mathbb{P}}[S^{\perp}] + \mathrm{RM}[S^{\perp}] \tag{3-12}$$

其中，$e^{-r}\mathbb{E}^{\mathbb{P}}[S^{\perp}]$ 是 $S^{\perp}$ 的最优估计准备金，也即为现金流的期望折现。Solveny Ⅱ 和偿二代监管允许风险边际的计算采用资本成本法（cost of capital approach），该方法考虑了保险公司为控制风险水平需要的缓冲资本（buffer capital）的成本。监管要求的保险公司风险水平记为 p，也即负债 $S^{\perp}$ 的置信水平 p 的在险价值（value at risk）为：

$$VaR_p[S^{\perp}] = \inf\{x \mid \mathbb{P}[S^{\perp} \leqslant x] \geqslant p\}$$

根据 Solvency Ⅱ，基于资本成本法计算的风险边际 $\mathrm{RM}[S^{\perp}]$ 为：

$$\mathrm{RM}[S^{\perp}] = e^{-r} \cdot i \cdot (\mathrm{VaR}_p[S^{\perp}] - \mathbb{E}^{\mathbb{P}}[S^{\perp}]) \tag{3-13}$$

其中，i 为资本成本率。风险边际 $\mathrm{RM}[S^{\perp}]$ 体现了保险公司持有缓冲资本的成本，缓冲资本是为了应对保险负债在到期时刻的给付超过期望值的风险。

进一步来讲，假设每个保单的索赔额是满足独立同分布（i. i. d.）条件，每个保单赔付给付服从期望值与方差分别为 μ 和 $\sigma^2>0$ 的正态分布①。那么在充分大的样本数下，该负债的评估为：

$$\mathbb{P}\left|\frac{S^{\perp} - \mathbb{E}^{\mathbb{P}}[S^{\perp}]}{\sigma^{\mathbb{P}}[S^{\perp}]} \leqslant s\right| = \Phi[s]，\text{对于任意的 } s$$

① 该例子中的正态分布假设是为了作为示例，便于计算。

其中，Φ 是标准正态分布。也即，在充分大的样本数下该正交负债给付的定价 $\rho[S^{\perp}]$ 可以表示为：

$$\rho[S^{\perp}] = e^{-r}(N\mu + i\sqrt{N}\sigma\Phi^{-1}[p]) \tag{3-14}$$

由于风险分散效应，平均单个保单的风险边际成本（RM）为 $e^{-r}i\frac{\sigma}{\sqrt{N}}\Phi^{-1}[p]$。可以看出，单个保单的风险边际随着负债集合中的保单个数 N 的增加而减小，这体现出了大数定理下的正交负债评估与定价具有的风险分散效应。显然，该性质是一般仅满足市场一致性的保险负债定价方法所不具备的。

在保险偿付能力监管对于负债评估提出了市场一致性定价要求后，许多文献研究了市场一致性定价的方法与实现。然而，绝大部分的相关研究更关注于市场一致性性质式（3-8），但忽略了精算模型的作用。因此，本章认为合适的市场一致性负债评估性质是需要兼备市场一致性性质与基于模型的精算性性质，将其称为公允定价（fair valuation）。直观上看，市场一致性定价是由于保险负债与市场风险的关联越来越紧密，基于模型的精算性性质是由于保险风险并不是完全可交易的风险带来的。接下来，我们将证明公允定价的诸多良好性质与等价性质，并具有实现方式的可行性优势。

定义 3.7（公允定价）：公允定价是兼具市场一致性和精算性的负债定价。

本章结合市场一致性与精算性性质提出了保险负债的公允定价方法（见图3-3）。值得注意的是，公允定价方法的定义是基于市场一致性和精算性定价的定义。如前文所述，市场一致性定价和精算性定价都是满足特定性质的精算定价，分别适合于不同类型的保险负债。因此，公允定价方法是一类特殊的市场一致性定价方法，其为满足精算性性质的市场一致性定价方法。一方面，市场一致性性质要求公允定价对于负债中任何可以被复制的部分采用市场价格进行定价；另一方面，精算性性质使得公允定价需要“识别”正交负债，并通过精算模型来定价的。当然，仅从理论上理解公允定价方法是抽象的，后文将具体介绍对冲定价与两步定价方法这两种具体的实现方法。

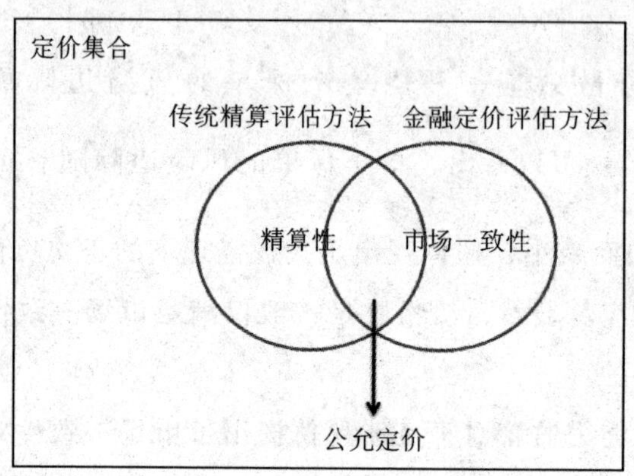

图 3-3　公允定价方法示意图

考虑一个简单例子。基于条件式（3-8）和式（3-11）可知，对于保险负债 $S^{\perp}+\nu\cdot Y$的公允定价等于：

$$\rho\left[S^{\perp}+\nu\cdot Y\right]=\pi\left[S^{\perp}\right]+\nu\cdot y \tag{3-15}$$

其中，π 是精算性定价。因此，对于保险负债 $S^{\perp}+S^{h}$，其公允定价的价格是对 $S^{\perp}$ 的精算性定价价格和对 $\nu\cdot Y$ 部分的市场定价价格之和。换而言之，保险负债公允定价方法的市场一致性性质使得完全可对冲部分采用市场价格，正交部分采用精算模型定价。

值得注意的是，公允定价并不具有对正交负债的“平移不变性”性质：

$\rho\left[S+S^{\perp}\right]=\rho\left[S\right]+\pi\left[S^{\perp}\right]$，对于任意的 $S\in C$ 和任意的 $S^{\perp}\in C^{\perp}$

其中，π 是本章中定义的精算性定价。因为如果该性质成立，则会推导出如下的性质成立：

$$\rho\left[S^{\perp}\right]=\pi\left[S^{\perp}\right]$$

并且，

$\pi\left[S_1^{\perp}+S_2^{\perp}\right]=\pi\left[S_1^{\perp}\right]+\pi\left[S_2^{\perp}\right]$，对于任意的 $S_1^{\perp}$，$S_2^{\perp}\in C^{\perp}$

该性质与保险风险聚集带来的风险分散效应相悖，具体可参见本章例

3－1。

根据定义可知，公允定价是满足监管所要求的市场一致性性质的负债定价，但并非所有的市场一致性定价都是公允定价。我们给出一个满足市场一致性性质，但不是公允定价的负债定价的例子。考虑满足如下定义的负债定价 ρ，

$$\rho[S]=e^{-r}\mathbb{E}^{\mathbb{Q}}[S] \tag{3-16}$$

由于$\mathbb{Q}$是给定的等价鞅测度，所以其满足市场一致性性质。但是在一般情形下，该定价并不是精算性定价。因此，该定价不满足公允定价。

此外，该式（3－16）的定价也不适用于对复合负债和正交负债进行定价。例如，考虑如下的由 N 个保单聚集的正交保险负债 $S^{\perp}=\sum_{i=1}^{N}X_i$，其中负债给付 X_i是独立同分布的。假设使用式（3－16）方法来对它进行定价，则每份保单的价格就等于：

$$\frac{\rho[S^{\perp}]}{N}=e^{-r}\mathbb{E}^{\mathbb{Q}}[X_1]$$

该价格与保单的规模 N 无关，并未体现出保险风险的分散效应。我们希望通过该简单例子说明考虑精算模型在负债定价中的必要性，说明市场一致性是合适的保险负债定价方法必要条件，但非充分条件。这一缺陷根源于这类市场一致性定价忽略了精算模型下的风险聚集时的风险分散效应特征。

然而，绝大多数的复合负债并非形如式（3－15）的简单叠加型负债，而是比叠加型更复杂的结构设计。例如，一个常见的复合负债是乘数型结构，其保险负债给付 S 可以表示成如下形式：

$$S=S^{h}\times S^{\perp}\text{，其中 }S^{h}\in C^{h}\text{，}S^{\perp}\in C^{\perp} \tag{3-17}$$

显然，这类保险负债只是部分可对冲，S^{h}是可对冲的，但 $S^{\perp}$并不能被对冲。欧盟 Solveny Ⅱ 监管并未指定对负债给付的可对冲部分的对冲方法或最优估计方法，研究具体实现对一般复合型负债的结合市场价格信息与精算模型考量的公允定价是本章接下来的研究问题。为了方便后文理论部分的说明，首先考虑如下一个简单例子。

例 3-2（具有最低收益保证的变额年金）：考虑保险公司的变额年金保险的负债池。假设共有 N 位被保险人，每个人都拥有一份固定期的带保证收益的变额年金保单，并且给付具有最低保证金额 $K>0$。该变额年金保单的给付并不具有上限，但是具有下限保证。在到期时刻，被保险人在时刻 1 时的负债给付为：

$$\max(Y^{(1)}, K) \times X_i$$

其中，变量 $X_i \in C^{\perp}$，$i=1, 2, \cdots, N$，是被保险人个体的存活指示变量，当被保险人 i 在经过单位时间保险期间后在到期时刻时仍然存活时则 X_i 等于 1，在其他情况下则等于 0。X_i 是与风险资产独立的，也即为正交的，并且是独立同分布的，在概率测度 $\mathbb{P}$ 下的均值为 p。那么，在到期时刻，幸存者的数量为 $S^{\perp}=\sum_{i=1}^{N} X_i$。

因此，在于保险公司，在到期时期 1 时的该保险负债池的给付为：

$$S^h \times S^{\perp} = \max(Y^{(1)}, K) \times \sum_{i=1}^{N} X_i \tag{3-18}$$

考虑采用如下的负债定价 ρ 进行定价，其满足：

$$\rho[S^h \times S^{\perp}] = e^{-r}\mathbb{E}^{\mathbb{Q}}[S^h] \times (\mathbb{E}^{\mathbb{P}}[S^{\perp}] + \alpha\,\sigma^{\mathbb{P}}[S^{\perp}])$$

并且 $\alpha \geqslant 0$。基于该负债定价，该保险公司的变额年金保险负债的定价为：

$$\rho[S^h \times S^{\perp}] = (y^{(1)} + P[K])(Np + \sqrt{N}\alpha\sqrt{p(1-p)})$$

其中，$P[K]$ 为市场上存在着的给付为 $\max(K-Y^{(1)}, 0)$ 的看跌期权的市场价格。显然，每一份保单的定价为：

$$\frac{\rho[S^h \times S^{\perp}]}{N}$$

并且，如果保险公司收取的保费被完全投资在 S^h，那么在时刻 1 时该保险公司能够履行其义务和保证偿付负债的概率为：

$$\mathbb{P}\left[\frac{S^{\perp} - \mathbb{E}^{\mathbb{P}}[S^{\perp}]}{\sigma^{\mathbb{P}}[S^{\perp}]} \leqslant \alpha\right]$$

可见，如果该产品组合中的保单数充分大，那么这个概率就可以充分接近于 $\Phi[\alpha]$，其中 Φ 是标准正态分布。

对于该例3-2中的乘积型负债的定价问题，已经有文献针对某些条件成立的情形下给出了解。Brennan et al.（1976）和Brennan et al.（1979a，b）发现当正交负债可以被完全分散（completely diversified）时，即 $S^{\perp}=\mathbb{E}^{\mathbb{P}}[S^{\perp}]$ 时，形如式（3-17）的负债给付 S 可以被充分简化。该假设在负债给付的集合充分大，风险分散效应存在使得大数定理的情形下可被满足，此时 $S^h\times\mathbb{E}^{\mathbb{P}}[S^{\perp}]$ 是个完全可对冲负债，仅有金融部分是具有不确定性的，基于式（3-10）该负债的公允定价为：

$$\rho[S^h\times S^{\perp}]=\nu\cdot\gamma\times\mathbb{E}^{\mathbb{P}}[S^{\perp}] \tag{3-19}$$

考虑到 $\nu\cdot\gamma=e^{-r}\mathbb{E}^{\mathbb{Q}}[S^h]$，其中$\mathbb{Q}$是等价鞅测度，负债的公允定价可以写成著名的Brennan & Schwartz 公式：

$$\rho[S^h\times S]=e^{-r}\mathbb{E}^{\mathbb{Q}}[S^h]\times\mathbb{E}^{\mathbb{P}}[S^{\perp}] \tag{3-20}$$

Brennan & Schwartz 公式解决了当正交风险可以被完全分散时候，给付结构为 $S^h\times S^{\perp}$ 的复合负债给付的定价问题，然而并不适用于当大数定理不被满足的情形。在不满足大数定理的情形下，正交负债部分并不能完全通过聚集效应被“消除”。为了对这类的保险负债进行定价，$S^h\times S^{\perp}$ 需要被视为一个整体，在非完备的市场中进行定价，并需要同时考虑到金融市场风险与精算风险（financial and actuarial risk）。

另一类更加复杂的复合型负债 S 是：

$$S=S^h\times S'，其中 S^h\in C^h 并且 S'\in C \tag{3-21}$$

其中，S^h 和 S' 并不是在测度$\mathbb{P}$下独立的。显然，该情形下增加了负债定价的难度。例如，该假设对应于上述例3-2中考虑的保险负债给付 S 中在测度$\mathbb{P}$下（X_1，X_2，…，X_n）和 $Y^{(1)}$ 不存在独立关系的情形。因此，在非完备市场下对一般的保险负债进行评估与定价，离不开对合适的定价方法的选取。本章在后文会介绍和研究实现公允定价的等价定价方式——对冲定价法和两步定价法，前者更具有实操上的可行性，同时依赖于对冲技术和对冲器的选取。下一节将具体介绍对冲技术的数学表达——对冲器。

3.3.2 公允对冲器

在上一节定义了市场一致性定价、精算性定价和公允定价后，本节研究具有对应性质的对冲技术类型，并分析各类别负债定价与对冲器之间的关系。

首先，明确对冲器（hedger）的定义。前文已经明确了负债定价是从保险负债到实数的映射，并且市场一致性负债评估要求使得负债评估离不开对冲技术。保险负债的可对冲部分的对冲实现与对冲方法的选择密切相关。本节提出对冲器这一概念，对冲器是从保险负债到交易策略的映射，不同映射代表了不同的对冲技术和方法。与前文一致，本节所研究的负债对冲技术并不局限于所使用的场景，既可用于保险负债的准备金评估，也适用于对保险负债的保费计算。简单理解，对冲器其实就是对冲技术的数学方式表达。

对冲器的具体定义如下。

定义 3.8（对冲器）：对冲器是从保险负责 S 到交易策略 $\theta_S=(\theta_S^{(0)}, \theta_S^{(1)}, \cdots, \theta_S^{(n)})$ 的映射函数 θ：$C\rightarrow\Theta$，并满足如下条件：

- θ 是归一化的，

$$\theta_0=(0, 0, \cdots, 0)$$

- θ 是平移不变的，

$$\theta_{S+a}=\theta_S+(e^{-r}a, 0, \cdots, 0)，对于任意的 a>0 和任意的 S\in C$$

映射 θ：$C\rightarrow\Theta$ 被称为一个对冲器，是因为其对于任意给定的保险负债 S 给出交易策略 θ_S，被称为对于保险负债 S 的对冲（hedge）。对冲策略组合 θ_S 在到期时刻 1 时的价值为：

$$\theta_S\cdot Y=\sum_{m=0}^{n}\theta_S^{(m)}Y^{(m)} \tag{3-22}$$

其初始时刻 0 的价值等于：

$$\theta_S\cdot y=\sum_{m=0}^{n}\theta_S^{(m)}y^{(m)}=e^{-r}\,\mathbb{E}^{\mathbb{Q}}[\theta_S\cdot Y] \tag{3-23}$$

其中，$\mathbb{Q}$是等价鞅测度。

在数学本质上，对冲器是与定价类似的映射概念，但是是从保险负债到交易策略的映射。因此，对冲器对应的是对冲方法或对冲技术：对于给定的保险负债，其对应对象为交易策略。具体如表 3-2 所示。

表 3-2　　定价与对冲器的概念比较

概念	数学本质	实务对应
定价	保险负责到实数的映射	评估与定价方法
对冲器	保险负责到交易策略的映射	对冲方法

与负债定价类似，对冲器同样具有不同的类型与性质。相对应地，对冲器的正齐次性和可加性性质如下。

定义 3.9：对冲器 θ：$C\rightarrow\Theta$，具有：

- 正齐次性（positive homogeneous），如果其满足：

$\theta_{aS}=a\theta_S$，对于任意实数 $a>0$ 和任意的 $S\in C$

- 可加性（additive），如果其满足：

$\theta_{S1+S2}=\theta_{S1}+\theta_{S2}$，对于任意的 S_1，$S_2\in C$

类似地，市场一致性对冲器、精算对冲器与公允对冲器是三种特殊性质的对冲器，其定义具体如下。

定义 3.10（市场一致性、精算性与公允对冲器）：

（1）对冲器是市场一致性的（market-consistent），如果其对于负债给付的任意可由复制策略 ν 所复制的完全可对冲部分 $\nu\cdot Y$ 的对冲满足：

$$\theta_{S+\nu\cdot Y}=\theta_S+\nu，\text{对于任意的 } S\in C \text{ 和任意的 } \nu\cdot Y\in C^h \quad (3-24)$$

（2）对冲器是精算性的（actuarial），如果其满足对于任何的正交负债的对冲都是基于精算性定价的无风险投资 ρ：

$$\theta_{S^\perp}=(\rho[S^\perp],0,\cdots,0)，\text{对于任意的 } S^\perp\in C^\perp \quad (3-25)$$

（3）对冲器是公允性的（fair），如果其同时满足市场一致性和精算性。

与公允定价方法的定义类似，市场一致性与精算性对冲器都是特殊的对冲器类别，公允对冲器是这两类对冲器的交集（见图 3-4）。市场一致性对冲器对于任何负债中可被复制的部分的对冲等于其复制策略；精算性对冲器的定义式（3-25）体现了对于任何正交负债 $S^\perp$ 的对冲是投资于额度为 $\rho[S^\perp]$ 的无风险资产的性质。

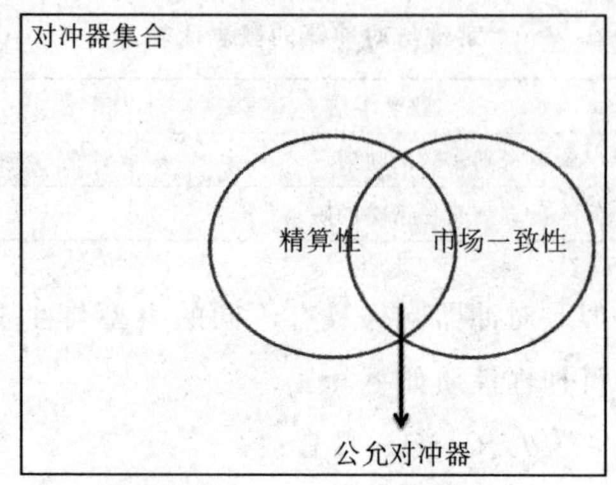

图 3-4 公允对冲器示意图

对于任意的精算对冲器或者公允对冲器 θ，其对于正交负债 $C^{\perp}$ 的定价 ρ 被称为对冲器 θ 对应的基础精算性定价（underlying actuarial valuation）。对冲器的市场一致性条件式（3-24）可以转化成如下条件：对于任意负债给付 S 和任意完全可对冲负债 $\nu \cdot Y$，有如下条件成立：

$$\theta_S = \nu + \theta_{S-\nu \cdot Y} \tag{3-26}$$

式（3-26）说明了在采用同一个对冲器的情形下，将负债给付 S 进行一步对冲与分步对冲的结果是一致的：直接使用对冲器 θ 对负债给付 S 进行对冲，与先决定对冲方案 ν，然后将剩余部分 $S-\nu \cdot Y$ 用对冲器 θ 进行补充对冲这两种方案的对冲结果是一致的。

在介绍负债定价与对冲器的关系之前，首先介绍一个将被后文使用到的对冲器性质的引理。由于证明过程比较简单，此处不再赘述。

引理 3.1：考虑任意的负债 S，正交负债 $S^{\perp}$，完全可对冲负债 $\nu \cdot Y$ 以及常数 a，

（1）对于任意的对冲器 θ，有：

$$\theta_a = (e^{-r}, a, 0, \cdots, 0) \tag{3-27}$$

（2）对于任意的市场一致性对冲器 θ，有：

$$\theta_{\nu \cdot Y} = \nu \tag{3-28}$$

（3）对于任意的以定价 ρ 为基础精算性定价公允对冲器 θ，有

$$\theta_{S^{\perp}+\nu \cdot Y} = (\rho[S^{\perp}], 0, \cdots, 0) + \nu \tag{3-29}$$

为了方便后文的证明，考虑对于任意负债给付 S 的一个如下方式构造的对冲器 μ_S，该对冲器由两部分组成：由对冲器 θ_S 决定的负债 S 的对冲部分，以及对 $S-\theta_S\cdot Y$ 的基于精算模型定价的风险边际，该部分对冲对应于无风险资产投资。以下引理 3.2 讨论了该对冲器 μ 与对冲器 θ_S 之间的性质相关对应关系。

引理 3.2：对于任意的对冲器 θ 与定价 ρ，考虑如下方式定义的对冲器 μ：

$$\mu_S=\theta_S+(\rho[S-\theta_S\cdot Y],0,\cdots,0)，对于任意的 S\in C \tag{3-30}$$

（1）如果对冲器 θ 是市场一致性对冲器，那么对冲器 μ 也是市场一致性对冲器；

（2）如果对冲器 θ 是精算性对冲器对冲器且定价 ρ 是精算性定价，那么对冲器 μ 是对应基础精算性定价 ρ 的精算性对冲器；

（3）如果对冲器 θ 是公允对冲器对冲器且定价 ρ 是精算性定价，那么对冲器 μ 是对应基础精算性定价 ρ 的公允对冲器。

证明：（1）假设对冲器 θ 是市场一致性对冲器，对于任意的负债给付 S 与完全可对冲负债 $S^h=\nu\cdot Y$，有：

$$\begin{aligned}\mu_{S+S^h}&=\theta_{S+S^h}+(\rho[S+S^h-\theta_{S+S^h}\cdot Y],0,\cdots,0)\\&=\theta_S+\nu+(\rho[S-\theta_S\cdot Y],0,\cdots,0)\\&=\mu_S+\nu\end{aligned}$$

因此，对冲器 μ 是市场一致性对冲器。

（2）假设对冲器 θ 是基础精算性定价为 π 的精算对冲器，另外定价 ρ 是精算性定价。对于任意的正交负债给付 $S^\perp$，有：

$$\begin{aligned}\mu_{S^\perp}&=\theta_{S^\perp}+(\rho[S^\perp-\theta_{S^\perp}\cdot Y],0,\cdots,0)\\&=(\pi[S^\perp]+\rho[S^\perp-e^r\pi[S^\perp]],0,\cdots,0)\\&=(\rho[S^\perp],0,\cdots,0)\end{aligned}$$

最后一步中的证明利用了定价 ρ 的平移不变性。因此，对冲器 μ 是带有基础精算性定价 ρ 的精算对冲器。

（3）最后，假设 θ 是带有基础精算性定价 π 的公允对冲器，定价 ρ 是精算性定价。那么，由以上（1）和（2）可知，对冲器μ既是市场一致性的，也是精算性的，所以μ是带有基础精算性定价ρ的公允对冲器。

引理3.2证明了形如μ的对冲器构造和对冲器θ之间的性质对应关系，主要是为了辅助下文的定理证明。到目前为止，我们介绍了负债定价的概念与分类，以及对冲器的概念与分类。以下的定理3.1将研究负债定价与对冲器之间的性质关联，证明了定价性质与对冲器性质的等价性。该定理的重要意义在于从理论上联系了对冲技术和负债定价的等价性。

定理3.1：考虑定价ρ：$C\to\mathbb{R}$，

（1）定价ρ是市场一致性定价当且仅当存在一个市场一致性对冲器θ^m使得：

$$\rho\left[S\right]=\theta_S^m\cdot y，\text{对于任意的} S\in C \tag{3-31}$$

（2）定价ρ是精算性定价当且仅当存在一个精算性对冲器θ^a使得：

$$\rho\left[S\right]=\theta_S^a\cdot y，\text{对于任意的} S\in C \tag{3-32}$$

（3）定价ρ是公允定价当且仅当存在一个公允对冲器θ^f使得：

$$\rho\left[S\right]=\theta_S^f\cdot y，\text{对于任意的} S\in C \tag{3-33}$$

证明：（1）当定价ρ是市场一致性定价时，考虑一个市场一致性定价对冲器θ，例如均值—方差对冲器①。对于任意的负债S，基于式（3-9）定价ρ满足：

$$\begin{aligned}\rho\left[S\right]&=\rho\left[S-\theta_S\cdot Y\right]+\theta_S\cdot y\\&=\theta_S^m\cdot y\end{aligned}$$

其中，$\theta_S^m=\theta_S+(\rho\left[S-\theta_S\cdot Y\right],0,\cdots,0)$。由引理3.2可知，$\theta^m$是市场一致性对冲器。

（1′）当定价ρ是由式（3-31）定义的，且θ^m是市场一致性对冲器时：对于任意的完全可对冲负债$\nu\cdot Y$，有：

$$\begin{aligned}\rho\left[S+\nu\cdot Y\right]&=\theta_{S+\nu\cdot Y}^m\cdot y\\&=(\theta_s^m+\nu)\cdot y\end{aligned}$$

① 参见在后文章节3.4.3，均值—方差对冲器是市场一致性对冲器。

$$=\rho\ [S]\ +\nu\cdot\gamma$$

因此，ρ 是市场一致性定价。

（2）当 ρ 是精算性定价时，对于任意的负债给付 S，对冲器 θ^a 为：

$$\theta_S^a=(\rho\ [S],\ 0,\ \cdots,\ 0)$$

因此，对冲器 θ^a 是满足条件的精算性对冲器：θ^a 满足：

$$\rho\ [S]\ =\theta_S^a\cdot\gamma，对于任意的 S\in C$$

（2′）当 ρ 服从定义（3－32）且 θ^a 是带有基础精算性定价 π 的精算性对冲器时，对于任意的正交负债 $S^{\perp}$，有：

$$\rho\ [S^{\perp}]\ =\theta_{S^{\perp}}^a\cdot\gamma=\pi\ [S^{\perp}]$$

因此，ρ 是精算性定价。

（3）当 ρ 是公允定价时，由（1）可知，存在市场一致性对冲器 θ^m 使得 $\rho\ [S]$ 满足：

$$\rho\ [S]\ =\theta_S^m\cdot\gamma$$

其中，θ^m 是形如式（5－19）的公允定价对冲器，如为均值—方差对冲器。为了区别符号，其对应的基础精算性定价记为 π。接下来，证明市场一致性对冲器 θ^m 同时具精算性，则其是公允的。对于任意的正交负债 $S^{\perp}$，有：

$$\begin{aligned}\theta_{S^{\perp}}^m&=\theta_{S^{\perp}}+(\rho\ [S^{\perp}-\theta_{S^{\perp}}\cdot Y],\ 0,\ \cdots,\ 0)\\&=(\pi[S^{\perp}],0,\cdots,0)+(\rho[S^{\perp}-e^{r}\pi[S^{\perp}]\ ],0,\cdots,0)\\&=(\rho\ [S^{\perp}]\ ,\ 0,\ \cdots,\ 0)\end{aligned}$$

由于 ρ 是公允定价，所以 θ^m 同时具精算性，则是公允的。

（3′）当 ρ 是形如式（3－33）的公允定价，且 θ^f 是公允对冲器时，由（1）和（2）的证明可知，定价 ρ 同时具有市场一致性与精算性。因此，ρ 是公允定价。

定理 3.1 证明了负债定价与对冲器之间在性质上的等价关系。从定理 3.1 可知，任何的公允定价 $\rho\ [S]$ 都可以被视为一个公允对冲在时刻 0 时的市场价格：

$$\rho\ [S]\ =e^{-r}\mathbb{E}^{\mathbb{Q}}\ [\theta_S^f\cdot Y]$$

其中，$\mathbb{Q}$是一个等价鞅测度，并且 θ_S^f 是公允对冲器。但是值得注意的是，该等价关系的意义更多是从理论上证明了公允定价与公允对冲直接的关系，由于 θ^f通常并未明确给出且不唯一，同时 Solvency Ⅱ监管规则为并未限定保险负债对冲所允许采用的对冲方法。在通常情况下，能满足定价特性和要求的定价与对冲器并非是唯一的。也即，在实务中精算师需要选择合适的对冲技术来实现公允定价。因此，下一节将介绍如何基于特定的对冲方法或对冲器，例如均值—方差对冲，给出对负债给付进行公允定价的具体实现方法。

3.4 对冲定价方法

本节将提出一类定价方式：对冲定价（hedge - based valuation），并证明对冲定价与公允定价是等价的。即我们从理论上证明将介绍的对冲定价是公允定价的一类具体实现方式。

3.4.1 对冲定价

如前文所述，绝大多数的保险负债是复合负债，与风险资产相关，但不可被完全复制。我们考虑并非保险负债所有的风险都在市场上交易，金融市场是非完备的。因此，实现市场一致性定价或公允定价有赖于对冲技术对可对冲负债的选取。

顾名思义，本节提出的对冲定价是基于对冲技术以实现对保险负债的评估与定价。具体地，对冲定价法的原则是：基于对冲技术将负债给付 S 分成可对冲部分以及剩余部分。对冲定价法对负债 S 的定价来自两个部分：可对冲部分组合的市场价格，以及由精算模型计算的剩余部分价格。对冲定价法的具体定义如下。

定义 3.11（对冲定价法）：对冲定价（hedge - based valuation）是满足如下条件的负债定价 ρ：$C\rightarrow\mathbb{R}$：对于任意的负债 S，

$$\rho\left[S\right]=\theta_{S\cdot y}+\pi\left[S-\theta_S\cdot Y\right] \tag{3-34}$$

其中，θ 是公允对冲器，π 是精算性定价。

容易验证，式（3－34）中的对冲定价 ρ 满足归一性与平移不变性。同时，基于定义可知，对于正交负债，对冲定价 ρ 简化为精算性定价：

$$\rho\left[S^{\perp}\right]=\pi\left[S^{\perp}\right]，\text{对于任意的 } S^{\perp}\in C^{\perp}$$

此外，对冲定价对于任何的完全可复制负债的定价都等于其对应对冲组合的价格：

$$\rho\left[S^{h}\right]=e^{-r}\mathbb{E}^{Q}\left[S^{h}\right]，\text{对于任意的 } S^{h}\in C^{h}$$

对冲定价法的实现有赖于公允对冲器 θ 和精算性定价 π 的选取。公允对冲器 θ 将保险负债 S "分割" 成可对冲负债部分以及不可对冲负债部分。在绝大多数情况下，对保险负债给付的 "分割" 不可能做到完全地将与市场风险相关部分与传统保险风险部分分离。所以，所谓的可对冲负债部分其实是基于对冲器 θ 的优化目标，例如最小化偏差的均方差，尽可能地给出最优的对冲组合；剩余的部分被称为不可对冲部分，依据精算模型进行定价。不同的对冲技术和对冲器对于保险负债的分割结果是不一样的，即对冲定价的对冲组合有赖于具体选取的公允对冲技术。具体如图 3－5 所示。

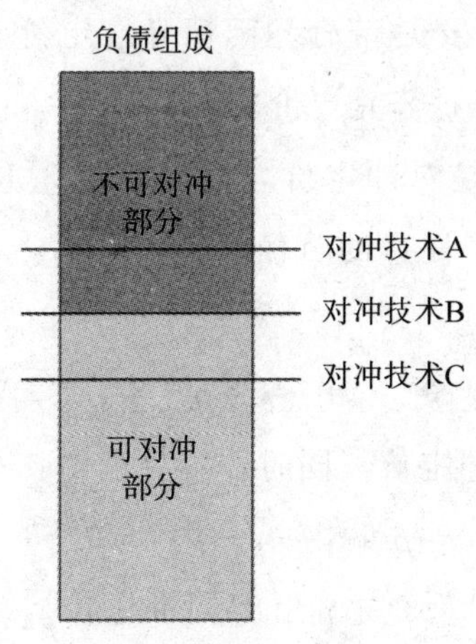

图 3－5　对冲器作用示意

前文已经介绍了正齐次性与次可加性是负债定价的重要性质。以下定理 3.2 给出了对冲定价的正齐次性与次可加性的充分条件。

定理 3.2：由公允对冲器 θ 与精算性定价 π 构成的对冲定价 ρ 有下列性质：

（1）如果 θ 与 π 都是正齐次的，那么对冲定价 ρ 也是正齐次的：

$$\rho[aS]=a\rho[S]，\text{对于任意 } a>0 \text{ 以及 } S\in C \tag{3-35}$$

（2）如果 θ 是可加的，π 是次可加的，那么对冲定价 ρ 是次可加的：

$$\rho[S_1+S_2]\leqslant\rho[S_1]+\rho[S_2]，\text{对于任意的 } S_1，S_2\in C \tag{3-36}$$

因为该定理的证明比较简单，故此省略。

至此，我们已经介绍了对冲定价法的原则与具体性质。接下来，我们研究本章提出的公允定价与对冲定价之间的关系。以下的定理 3.3 证明了公允定价与对冲定价之间的等价性质。

定理 3.3：负债定价 $\rho: C\to\mathbb{R}$是对冲定价当且仅当其是公允定价。

证明：（1）证明对冲定价是公允定价。考虑如式（3－34）定义的对冲定价 $\rho[S]$，对于任何的负债给付 S，对冲定价可以表示为：

$$\rho[S]=\mu_S\cdot y$$

其中，

$$\mu_S=\theta_S+(\pi[S-\theta_S\cdot Y],0,\cdots,0) \tag{3-37}$$

根据引理 3.2 可知，μ 是带有基础精算性定价 π 的公允对冲器。由定理 3.1 可知，对冲定价 ρ 是公允定价。

（2）证明公允定价是对冲定价。根据定理 3.1，对于公允定价 ρ，存在公允对冲器 θ^f使得对于任意的负债 S 有 $\rho[S]=\theta_S^f\cdot y$。定义另一个定价 ρ'：

$$\rho'[S]=\theta_S^f\cdot y+\rho[S-\theta_S^f\cdot Y] \tag{3-38}$$

显然，定价 ρ'是对冲定价。同时，容易证明：

$$\rho[S-\theta_S^f\cdot Y]=0$$

因此，$\rho\equiv\rho'$，所以公允定价 ρ 是对冲定价。

定理 3.3 证明了公允定价在理论上与对冲定价是等价的，因此联系了对冲技术与公允定价。该定理的意义在于证明了本章提出的公允定价方法可以通过对冲定价这一具体形式来实现，也即将可对冲部分利用对冲基于市场信息进行定价，将剩余风险基于精算模型进行定价。值得注意的是，对冲定价的组成与 Solvency Ⅱ 和偿二代监管对于寿险负债评估的组成：最优估计与风险边际之和的形式十分相似，提供了一个良好的监管适用性和实现可能性。

至此，本章已经从理论上介绍了对冲定价的定义与性质，并证明了公允定价法与对冲定价法的等价性。对冲器对于实现具体的负债定价与评估具有着重要的意义，下一节将具体介绍一类特殊的对冲器以及对冲定价方法。

3.4.2　凸对冲定价

本节提出一类特殊的对冲定价方法和对冲器——凸对冲定价和凸对冲器。上一节已经证明了对冲定价方法的实现有赖于对冲技术或对冲器的选取。相关文献提出了多种对冲技术和方法，例如均值—方差对冲等方法。本节提出凸对冲定价方法，并证明其公允性质，为保险负债的公允评估提供了一类更具体的实现方法。也即，本节为对冲定价的具体实现提供了具体方式与实际操作方法。值得注意的是，凸对冲定价允许精算师选择不同的凸函数进行对冲，是一类的公允定价实现方法。

首先，明确凸对冲器的定义。

定义 3.12（凸对冲器）：基于函数 u 的凸对冲器是满足如下条件的对冲器：其对于任意的 $S \in C$ 的对冲为：

$$\theta_S^u = \arg\min_{\mu \in \Theta} \mathbb{E}^{\mathbb{P}} \left[u \left(S - \boldsymbol{\mu} \cdot Y \right) \right] \tag{3-39}$$

其中，函数 u 是一个非负严格凸函数且满足 $u(0)=0$。

可以看出，函数 u 决定了保险公司在决定对冲组合时偏差的惩罚程度。对于任意的负债给付 S，凸对冲器 θ^u：$C \to \Theta$ 是基于使得函数 u 测量的负债与对冲组合的偏差最小化的目标给出对冲组合 θ_S^u。

定理 3.4：凸对冲器 θ^u 是对应如下基础精算性定价 π^u 的公允对冲器，

$$\pi^u \left[S^{\perp} \right] = \arg\min_{s \in \mathbb{R}} \mathbb{E}_{\mathbb{P}} \left[u \left(S^{\perp} - e^{r} s \right) \right]，对于任意的 S^{\perp} \in C^{\perp} \tag{3-40}$$

证明：考虑凸对冲器 θ^u，往证 θ^u 满足公允对冲器的定义条件式

（3－24）和式（3－25）。如前文定义所述，基础精算性定价指的是对冲器对于正交负债定价时所依赖的对冲器。

（1）对于任意的完全可复制负债 $S^h=\nu\cdot Y$，有：

$$\begin{aligned}\theta^u_{S+\nu\cdot Y}&=\arg\min_{\mu\in\Theta}\mathbb{E}^{\mathbb{P}}\left[u\left(S-(\mu-\nu)\cdot Y\right)\right]\\&=\nu+\arg\min_{\mu'\in\Theta}\mathbb{E}^{\mathbb{P}}\left[u\left(S-\mu'\cdot Y\right)\right]\\&=\nu+\theta^u_s\end{aligned}$$

条件式（3－24）能得以满足。

（2）对于任意的正交负债 $S^{\perp}\in C^{\perp}$，考虑到 $S^{\perp}$ 和 Y 之间的独立性，并且基于 Jensen 不等式，任意的交易策略 $\mu\in\Theta$ 对于给定 $S^{\perp}$ 的条件期望满足：

$$\mathbb{E}^{\mathbb{P}}\left[u\left(S^{\perp}-\mu\cdot Y\right)\mid S^{\perp}\right]\geqslant u\left(S^{\perp}-\mu\cdot\mathbb{E}^{\mathbb{P}}\left[Y\right]\right)$$

对式子左右两边同时取期望①，可得：

$\mathbb{E}^{\mathbb{P}}\left[u\left(S^{\perp}-\mu\cdot Y\right)\right]\geqslant\mathbb{E}^{\mathbb{P}}\left[u\left(S^{\perp}-\mu\cdot\mathbb{E}^{\mathbb{P}}\left[Y\right]\right)\right]\geqslant\mathbb{E}^{\mathbb{P}}\left[u\left(S^{\perp}-e^{r}\pi^{u}\left[S^{\perp}\right]\right)\right]$

对于任意的 $\mu\in\Theta$。考虑到 $e^{r}\pi^{u}\left[S^{\perp}\right]$ 可以被表示为：

$$e^{r}\pi^{u}\left[S^{\perp}\right]=\left(\pi^{u}\left[S^{\perp}\right],0,\cdots,0\right)\cdot Y$$

其中，$\left(\pi^{u}\left[S^{\perp}\right],0,\cdots,0\right)$ 是 Θ 的一个元素，可得：

$\theta^u_{S^{\perp}}=\left(\pi^{u}\left[S^{\perp}\right],0,\cdots,0\right)$

因此，π^u 是一个精算性定价，条件式（3－25）也能被满足。

凸对冲器是一类特殊的对冲器，所以基于凸对冲器的对冲定价是一类特殊的对冲定价，也是实现公允定价的具体方法。接下来，本节给出凸对冲定价（convex hedge－based valuation）的定义。

定义 3.13（凸对冲定价（convex hedge－based valuation））：凸对冲定价是满足如下条件的定价 $\rho:C\rightarrow\mathbb{R}$：

$$\rho\left[S\right]=\theta^u_S\cdot y+\pi\left[S-\theta^u_S\cdot Y\right]$$

其中，θ^u 是对应函数 u 的凸对冲器，π 是精算性定价。

① 变量的条件期望的期望值等于期望值。

因为凸对冲定价是一类特殊的对冲定价，所以其为公允定价。我们可以得到如下推论。

推论3.1：凸对冲定价是公允定价。

凸对冲定价在本质上是实现公允定价的一类方式。凸对冲器是用以实现凸对冲定价的具体对冲技术。根据凸对冲器的定义可知，均值—方差对冲是属于凸对冲器，均值—方差对冲定价则是一种特殊的凸对冲定价，下一节将进行具体介绍。

3.4.3　均值—方差对冲定价

均值—方差对冲是备受文献关注的对冲方法。本节研究这一特殊的对冲定价，其在定义上是基于最小化偏差的二次函数 $u(s)=s^2$ 的凸对冲定价，对应的对冲器即为均值—方差对冲器。首先回顾均值—方差对冲的定义可知，均值—方差对冲是凸对冲器。

定义3.14（均值—方差对冲器）：对于任意的 $S\in C$，均值方差对冲器（MV hedger）是满足使得在 $\mathbb{P}$ 测度下的期望二次函数最小化的对冲器：

$$\theta_S^{MV}=\arg\min_{\mu\in\Theta}\mathbb{E}^{\mathbb{P}}\left[(S-\mu\cdot Y)^2\right] \tag{3-41}$$

均值—方差对冲方法已经被广泛应用于金融经济学等领域，是一类简单可行的对冲方法。均值—方差对冲方法的一般性质可以具体参见 Schweizer（2001a）。

基于定理3.4，可以得到如下推论。

推论3.2：均值—方差对冲器 $\theta^{MV}: C\to\Theta$ 是公允对冲器，其对应基础精算性定价（underlying actuarial valuation）满足：

$$\pi^{MV}\left[S^{\perp}\right]=e^{-rT}\mathbb{E}^{\mathbb{P}}\left[S^{\perp}\right]，对于任意的 S^{\perp}\in C^{\perp} \tag{3-42}$$

证明：由于均值—方差对冲器是一类特殊的凸对冲器，所以是公允对冲器，基于定理3.4可知基础精算性定价满足式（3-42）。

接下来的定理将介绍最小化问题式（3-41）的唯一解 $\theta_S^{MV}=(\theta_S^{(0)},\cdots,\theta_S^{(n)})$，也即最小化平方差的最优解。为了方便，下文将A的转置记作符号 A^T。

定理3.5：对于任意$S\in C$，均值—方差对冲θ_S^{MV}由式（3-43）唯一决定：

$$\mathbb{E}^{\mathbb{P}}[Y^{\mathrm{T}}Y](\theta_S^{MV})^{\mathrm{T}}=\mathbb{E}^{\mathbb{P}}[SY^{\mathrm{T}}] \tag{3-43}$$

证明：对形如式（3-41）的目标函数取导数可得式（3-43）。由于所有在市场上交易的资产是非冗余的（non-redundant），对于任意的$\theta\neq 0$有如下式子成立：

$$\theta\,\mathbb{E}^{\mathbb{P}}[Y^{\mathrm{T}}Y]\,\theta^{T}=\mathbb{E}^{\mathbb{P}}[(\theta_S\cdot Y)^2]>0$$

由此可得，矩阵$\mathbb{E}^{\mathbb{P}}[Y^{\mathrm{T}}Y]$是正定的（positve definite）并且是非奇异的（non-singular）。该证明说明了均值—方差对冲θ_S^{MV}是由式（3-43）唯一决定的。

根据方程组（3-43），不难计算得到$\theta_S^{MV}=(\theta_S^{(0)},\cdots,\theta_S^{(n)})$满足如下式子：

$$\begin{cases}\sum_{m=1}^{n}\mathrm{cov}^{\mathbb{P}}[Y^{(k)},Y^{(m)}]\theta_S^{(m)}=\mathrm{cov}^{\mathbb{P}}[Y^{(k)},S],\text{对于 }k=1,\cdots,n;\\ \theta_S^{(0)}=e^{-r}\left(\mathbb{E}^{\mathbb{P}}[S]-\sum_{m=1}^{n}\mathbb{E}^{\mathbb{P}}[Y^{(m)}]\theta_S^{(m)}\right)\end{cases} \tag{3-44}$$

许多文献已经研究了均值—方差对冲，并给出了均值—方差对冲器的诸多性质。因为均值—方差对冲器是特殊并且简单的凸对冲器并被广泛地研究和使用，接下来我们在本章的模型中回顾一些重要性质。

定理3.6：均值—方差对冲器θ^{MV}具有如下性质：

（1）对于任意的给付S，其在期末时刻的给付和均值—方差对冲组合在概率测度$\mathbb{P}$下的期望值相等：

$$\mathbb{E}^{\mathbb{P}}[S]=\mathbb{E}^{\mathbb{P}}[\theta_S^{MV}\cdot Y],\text{对于任意的 }S\in C \tag{3-45}$$

（2）均值—方差对冲器具有可加性：

$$\theta_{S_1+S_2}^{MV}=\theta_{S_1}^{MV}+\theta_{S_2}^{MV},\text{对于任意的 }S_1,S_2\in C \tag{3-46}$$

（3）均值—方差对冲器是正齐次的：

$$\theta_{a\times S}^{MV}=a\times\theta_S^{MV},\text{对于任意的实数 }a>0\text{ 和任意的 }S\in C \tag{3-47}$$

（4）对于形为完全可复制负债和对冲负债的乘积的负债，均值—方差对冲为：

$$\theta^{MV}_{S^h \times S^\perp} = \nu \times \mathbb{E}^{\mathbb{P}}\left[S^\perp\right]，对于任意的 S^h = \nu \cdot Y \in C^h 且 S^\perp \in C^\perp \tag{3-48}$$

证明：首先，式（3－45）的证明由式（3－44）中的 $\theta_S^{(0)}$ 直接可得。同理，基于定理 3.5，其他表达式和性质容易得证。

基于均值—方差对冲器，我们可以定义如下的基于均值—方差的对冲定价。顾名思义，基于均值—方差的对冲定价的具体实现有赖于均值—方差对冲器。

定义 3.15（基于均值—方差的对冲定价）：基于均值—方差的对冲定价（mean－variance hedge－based valuation，MVHB 定价）是满足如下条件的定价 $\rho: C \to \mathbb{R}$：对于任意的给付 S，

$$\rho\left[S\right] = \theta_S^{MV} \cdot y + \pi\left[S - \theta_S^{MV} \cdot Y\right] \tag{3-49}$$

其中，θ^{MV}是均值—方差对冲器，并且 π 是精算性定价。

由于任意的 MVHB 定价都是对冲定价，所以可得以下结论。

推论 3.3：任意的 MVHB 定价都是公允定价。

基于定理 3.2 和定理 3.6 可以得到如下结论，基于均值—方差的对冲（MVHB）定价是公允定价。因此，本节提出的 MVHB 定价是更加具体的实现公允定价的方法，是一类特殊的凸对冲器。MVHB 定价的实现不仅有赖于对冲器的选取，也与对应的基础精算性定价 π 密不可分，定理 3.7 联系了 MVHB 定价对应的基础精算性定价 π 与其正齐次性和次可加性性质。

定理 3.7：对于任意的对应基础精算性定价 π 的 MVHB 定价 ρ，其具有如下性质：

（1）如果 π 是正齐次的，那么 ρ 也是正齐次的；

（2）如果 π 是次可加的，那么 ρ 也是次可加的。

该定理的证明较为简略，故不赘述。因为均值—方差对冲技术也是最常见的对冲技术之一，也在相关文献中被广泛地进行了研究。因此，接下来我们结合具体应用举例介绍 MVHB 定价的计算。

3.4.4 应用举例

本节通过具体的应用举例来说明 MVHB 定价技术的应用。本节中的两个应用例子是为了更好地说明 MVHB 定价方法的具体应用，例 3.3 和例 3.4 分别从不同视角通过举例说明了金融市场的完备性，以及可交易工具与负债相关性对对冲和定价的具体影响。该例子简化了交易资产等假设以方便求解。

例 3-3（不同市场完备性程度下的复合负债的 MVHB 定价）：

（1）考虑如下的金融—保险风险模型。假设金融市场上存在零息债券和股票两种可交易资产。零息债券的当前市场价格为 $y^{(0)}=1$，其在时刻 1 时的到期价格为 $Y^{(0)}=1$（也即无风险收益率为 0）。在时刻 0，股票的交易价格为 $y^{(1)}=1/2$，其在时刻 1 的价格 $y^{(1)}$ 等于 0 或 1。同时，存在一个并不在市场上交易的存活指数（survival index），其在时刻 1 时的价格 I 是 0 或 1。例如，对于某一个群体，在时刻 1 时若只有少部分群体存活时则取值为 0；在时刻 1 时，若绝大部分群体均存活时则取值为 1。该模型设定所处的概率空间为（Ω，2^{Ω}，$\mathbb{P}$），其中，空间 Ω 为：

$$\Omega=\{(0,0),(0,1),(1,0)\ (1,1)\}$$

各个组合代表了一个可能的情形。其中，各组合中的第一个元素值为股票在时刻 1 时价格的取值 $Y^{(1)}$，第二个元素价值是存活指数 I 在时刻 1 时的取值。假设真实物理测度 $\mathbb{P}$ 下的概率分布形如：

$$p_{00}=\frac{1}{6},\ p_{10}=\frac{2}{6},\ p_{01}=\frac{1}{6} \text{和}\ p_{11}=\frac{2}{6}$$

其中，p_{ij} 代表了各取值组合事件的对应概率 $\mathbb{P}[(i,j)]$。容易验证，在物理测度 $\mathbb{P}$ 下，在时刻 1 时股票的价格 $Y^{(1)}$ 以及存活指数 I 是互相独立的。因此，存活指数可以视为 I 正交负债。

保险公司的承保负债是到期给付为如下形式的不可交易的复合负债：

$$S=(1-Y^{(1)})\times(1-I) \tag{3-50}$$

如果我们采用均值—方差对冲器，该负债 S 的均值—方差对冲组合策略（MV hedge）如下①：

$$\theta_S^{MV}=\arg\min_{\mu\in\Theta}\mathbb{E}^{\mathbb{P}}[(S-\mu^{(0)}-\mu^{(1)}Y^{(1)})^2]=\left(\frac{1}{2},\ -\frac{1}{2}\right)$$

那么，基于式（3－49）对该负债 S 采用基于均值—方差对冲定价，其 MVHB 定价等于：

$$\rho\ [S]\ =\frac{1}{4}+\pi\ \left[S-\frac{1}{2}+\frac{1}{2}Y^{(1)}\right]$$

如果进一步地假设基础精算性定价 π 采用如下基于资本成本法的精算性定价：

$$\pi[X]=\mathbb{E}^{\mathbb{P}}[X]+0.06(\mathrm{VaR}_{0.995}[X]-\mathbb{E}^{\mathbb{P}}[X]),\text{对于任意的 } X\in C \tag{3-51}$$

具体计算可得，由于 $\mathbb{E}^{\mathbb{P}}[S]=\mathbb{E}^{\mathbb{P}}\left[\frac{1}{2}-\frac{1}{2}Y^{(1)}\right]$ 且 $\mathrm{VaR}_{0.995}\left[S-\frac{1}{2}+\frac{1}{2}Y^{(1)}\right]=1/2$，可得：

$$\rho\ [S]\ =\frac{7}{25}$$

即为该负债 S 的基于均值—方差对冲定价（MVHB 定价）。

（2）不难发现，以上考虑的金融市场是非完备的市场。接下来，我们考虑一个更加完备的金融市场。假设金融市场上除了可被交易的零息债券和股票两个资产之外，还存在着一个可交易的存活指数 I（survival index）。存活指数的当前价格为 $y^{(2)}=\frac{2}{3}$，且其在时刻 1 的价格为 $Y^{(2)}=I$。

本节不再赘述均值—方差的对冲原理和计算，可求解得到该复合负债 S 的均值—方差对冲（MV hedge）为：

$$\theta_S^{MV}=\arg\min_{\mu\in\Theta}\mathbb{E}^{\mathbb{P}}[(S-\mu^{(0)}-\mu^{(1)}Y^{(1)}-\mu^{(2)}Y^{(2)})^2]=\left(\frac{2}{3},-\frac{1}{2},-\frac{1}{3}\right)$$

则负债 S 的基于均值—方差对冲（MVHB）定价为：

---

① 具体求解的计算式子是将本例子的数值条件代入均值—方差对冲器的求解条件（3－44）中，再求解二元一次方程组获得。后文中的具体求解原理类似，不再赘述繁琐计算过程。

$$\rho\ [S]\ =\frac{7}{36}+\pi\ [S-\frac{2}{3}+\frac{1}{2}Y^{(1)}+\frac{1}{3}Y^{(2)}]$$

同样地，采用形如式（3-51）的资本成本法对基础精算性定价 π 进行计算，考虑到 $\mathrm{VaR}_{0.995}\ [S-\frac{2}{3}+\frac{1}{2}Y^{(1)}+\frac{1}{3}Y^{(2)}]\ =1/3$，可的负债 S 的 MVHB 定价为：

$$\rho\ [S]\ =\frac{193}{900}$$

对比（1）和（2）情形下的市场完备性程度假设可以发现，在（2）情形下该保险负债中的存活风险也在金融市场上被交易，市场也对该存活风险进行了定价。根据市场一致性定价要求，作为市场一致性定价的 MVHB 定价也会将市场关于存活风险的定价信息反映在该负债的定价中。因此，情形（2）中的价格不同于情形（1），其重要差异在于情形（2）下的价格反映了市场对存活风险的价格信息。

（3）虽然在情形（3）中，保险负债中的存活风险也在金融市场上被交易，但是该复合负债的给付还无法被金融市场的可交易资产所复制。在情形（3）中，进一步假设金融市场除了零息债券（zero - coupon bond）、股票和存活指数 I 之外，还存在着可被交易的看涨期权。该看涨期权的现价为 $y^{(3)}=\frac{1}{6}$，其在到期时刻的给付为：

$$Y^{(3)}=Y^{(2)}\times \max\ (Y^{(1)}-0.5,\ 0) \tag{3-52}$$

此时，对于负债 S 的基于均值—方差的对冲等于：

$$\theta_S^{MV}=\arg\min_{\mu\in\Theta}\mathbb{E}^{\mathbb{P}}[(S-\mu^{(0)}-\mu^{(1)}Y^{(1)}-\mu^{(2)}Y^{(2)}-\mu^{(3)}Y^{(3)})^2]=(1,-1,-1,2)$$

可以发现，此时该负债 S 可以被完全由可交易的金融资产完全复制，具体的复制组合也即它的均值—方差对冲组合，为：

$$S=Y^{(0)}-Y^{(1)}-Y^{(2)}+2Y^{(3)}$$

根据监管对市场一致性的要求，在该完备的金融市场下，该负债 S 的均值—方差对冲价格（MVHB）等于复制组合的价格：

$$\rho\,[S]=\frac{1}{6}$$

对比情形（2）可知，在情形（3）下该负债 S 可以被完全复制的原因是金融市场中存在着可交易的看涨期权。

在该例 3-3 中，复合负债 S 的基于 MVHB 的公允价格随着金融市场不断引入新的交易资产而反映新的市场信息。随着金融市场的完备性的不断增加，公允定价中市场一致部分的比例也越来越大，同时精算模型发挥的作用也越来越小。在该例子中，随着市场的完备性的增加，复合负债 S 的 MVHB 定价越来越低。值得注意的是，保险负债公允评估价格随着市场完备性而降低并不一定是一般的规律。

在以上的例子中，复合负债 S 的死亡率风险通过可交易的存活指数或看涨期权在金融市场上得以反映。然而，在实际情形中，通常市场上交易的死亡率风险相关产品并不会是与复合负债 S 设计中死亡率风险完全一致。例如，复合负债 S 所覆盖的被保险人群体的死亡率与死亡率风险相关产品的标的群体通常并非完全一致。也即，购买保险的群体与被统计生存情况的群体并非是相同的，接下来的例子考虑了这一情形。

例 3-4（考虑被保险人生存指数和可交易生存指数的相关性的复合负债定价）：

（1）本例子考虑被保险人群体和市场可交易生存指数存在差异。考虑一个国家总体具有总量为 N^{nat} 的国民人口，金融市场上存在着可交易的“国民生存指数” I，其定义为：

$$I=I_1+I_2+\cdots+I_{N^{nat}}$$

对于任何的国民个体 i，用 Bernoulli 随机变量 I_i 代表其在次年的生存状态，如果个体 i 在次年死亡则取值为 0，否则则等于 1。

保险公司承保了一个风险池，共覆盖有总量为 N^{ins} 的被保人群，其中 Bernoulli 变量 J_i，$i=1, 2, \cdots, N$，当个体 i 生存时等于 1，否则等于 0。值得注意的是，被保险人群体并不一定是国民人口群体的子集（例如，当被保险人包括非国民人口样本）。在到期时刻，保险人的保险负债的支出为：

$$S = J_1 + J_2 + \cdots + J_{N^{\mathrm{ins}}} \tag{3-53}$$

也即该保险负债会对存活的被保险人给与生存给付。

金融市场上存在着三个可交易的资产。第一个可交易资产是零息债券，其现价 $y^{(0)}=1$，其在时刻 1 的价格为 $Y^{(0)}=e^r$。第二个可交易的资产是一个现价为 $y^{(1)}$ 且在时刻 1 的价格为 $Y^{(1)}$ 的股票，其可能取值区间记为 $\mathcal{A}$。最后，第三个可交易资产是国民生存指数，其现价为 $y^{(2)}$，在时刻 1 的价格为 $Y^{(2)}=I$。该金融—保险模型为概率空间（Ω，2^{Ω}，$\mathbb{P}$），

$$\Omega = \{(x_1, x_2, x_3) \mid x_1 \in \mathcal{A}; x_2 = 0, 1, \cdots, N^{\mathrm{nat}}; x_3 = 0, 1, \cdots, N^{\mathrm{ins}}\}$$

其中，任意的向量（x_1，x_2，x_3）各分量分别描述了股票 $Y^{(1)}$，国民生存指数 I 和保险负债 S 的可能情形。该例子始终假设死亡率与股票价格是相互独立的过程。更准确地讲，$Y^{(1)}$ 和（I，S）是被假设为在概率测度 $\mathbb{P}$ 下的相互独立的过程。

基于式（3－44）且考虑 $n=2$ 的情形，可得保险负债 S 的均值—方差对冲 $\theta_S^{MV}=$（$\theta_S^{(0)}$，$\theta_S^{(1)}$，$\theta_S^{(2)}$）为：

$$\begin{cases} \theta_S^{(0)} = e^{-r}\left(\mathbb{E}^{\mathbb{P}}[S] - \mathbb{E}^{\mathbb{P}}[I]\dfrac{\mathrm{cov}^{\mathbb{P}}[I, S]}{\mathrm{var}^{\mathbb{P}}[I]}\right) \\ \theta_S^{(1)} = 0 \\ \theta_S^{(2)} = \dfrac{\mathrm{cov}^{\mathbb{P}}[I, S]}{\mathrm{var}^{\mathbb{P}}[I]} \end{cases} \tag{3-54}$$

可以发现，该均值—方差对冲并不投资任何头寸于股票，这是因为股票与死亡率是独立的，并不具有对冲性质。同时，随着保险负债（被保群存活比例）与国民生存指数的相关性的增大（被保群体与国民群体并不一致），在国民生存指数的投资头寸将增加，在零息债券上的投资将减少。

（2）接下来，考虑当被保群体是国民群体的子集。也即，假设 $N^{\mathrm{ins}} \leqslant N^{\mathrm{nat}}$ 并且 $J_i = I_i$ 对于 $i=1, 2, \cdots, N^{\mathrm{ins}}$。同时，假设所有的 I_i 在概率测度 $\mathbb{P}$ 下是独立同分布的（i. i. d.），其中 $\mathbb{P}[I_i=1]=p$。在该情形下，有下式成立：

$$\mathrm{cov}^{\mathbb{P}}[I, S] = \mathrm{var}^{\mathbb{P}}[S]$$

考虑到这些 Bernoulli 变量是在概率测度$\mathbb{P}$下的独立同分布，可得 $\mathrm{var}^{\mathbb{P}}[S] = Np(1-p)$，$\mathrm{var}^{\mathbb{P}}[I] = Mp(1-p)$。因此，负债 S 的均值—方差对冲为：

$$\begin{cases} \theta^{(0)} = 0 \\ \theta^{(1)} = 0 \\ \theta^{(2)} = \dfrac{N^{\mathrm{ins}}}{N^{\mathrm{nat}}} \end{cases} \tag{3-55}$$

即对冲组合只投资在国民生存指数用以进行对冲。所以形如式（3-49）的对冲定价价格为：

$$\rho[S] = \frac{N^{\mathrm{ins}}}{N^{\mathrm{nat}}} y^{(2)} + \pi\left[S - \frac{N^{\mathrm{ins}}}{N^{\mathrm{nat}}} Y^{(2)}\right]$$

此时，如果精算性定价 π 是基于标准差原则，则：

$$\pi[X] = \mathbb{E}^{\mathbb{P}}[X] + \beta\sqrt{\mathrm{var}[X]}，对于任意的 X \in \mathrm{C}$$

其中，实数 $\beta \geqslant 0$。在此情形下可得，负债 S 的对冲定价价格为：

$$\rho[S] = \frac{N^{\mathrm{ins}}}{N^{\mathrm{nat}}} y^{(2)} + \beta\sqrt{\frac{N^{\mathrm{ins}}}{N^{\mathrm{nat}}}(N^{\mathrm{nat}} - N^{\mathrm{ins}})\, p(1-p)} \tag{3-56}$$

显然，如果被保群体就是全体国民群体时，即 $N^{\mathrm{ins}} = N^{\mathrm{nat}}$，那么保险负债是完全可以被复制的和可交易的。此时，对于负债的公允定价 $\rho[S]$ 就等于时刻 0 时国民生存指数的价格。

该例子说明了基于均值—方差的对冲定价对保险负债给出的定价也和负债与可交易资产的相关性密切相关。在绝大多数情形下，保险负债中所含的保险风险难以在金融市场找到完全风险相同的风险资产。并且，随着可交易资产与保险负债中所含风险的相关性的增加，定价中的市场一致性部分越来越高，精算部分越来越小。因此，该例 3-4 补充了例 3-3 对于市场完备性对对冲定价的影响的视角，关注了可交易保险风险与复合负债中保险风险的相关性对对冲定价的影响。

3.5 两步定价方法

3.5.1 条件定价和两步定价法

本节将提出另一类公允定价的实现方法——两步定价法。值得注意的是，我们提出的两步定价评估方法与 Pelsser et al.（2014）提出两步定价法存在一个重要差异：Pelsser et al.（2014）要求市场必须是完备的，但是我们并不要求金融市场的完备性。本节将证明本章提出的两步定价法与公允定价方法在理论性质上是等价的，可以作为一类具体的定价实现方法。

为了为后文的概念介绍做准备，首先介绍衍生给付的概念：衍生给付是依据资产价格向量 Y 的函数计算的负债给付，具体形如 $f(Y)$，函数 f 确定了负债给付的计算方式。具体例子包括 $\mathbb{E}^{\mathbb{P}}[S \mid Y]$，$\mathrm{Var}^{\mathbb{P}}[S \mid Y]$ 和 $\theta_S \cdot Y$ 等，其中 S 为负债给付，并且 θ 是对冲器。本章将所有的基于资产 Y 的衍生给付（derivative）的集合记为 C^Y。

基于衍生给付的概念，我们定义条件定价。

定义 3.16（条件定价）：条件定价是满足如下定义的映射 π_Y：$C \to C^Y$，其将任意的负债 S 映射为衍生给付 Y：

$$S \to \pi_Y[S]$$

使得：

（1）π_Y是标准化的：

$$\pi_Y[0]=0$$

（2）π_Y是条件平移不变性的：

$$\pi_Y[S+S^h]=\pi_Y[S]+e^{-r}S^h，对于任意的 S \in C 和 S^h \in C^h$$

因此，条件定价在本质上是一个从定义在（Ω，$\mathcal{G}$）的负债集合到定义在（Ω，$\mathcal{F}^Y$）集合的映射。对于任意的条件定价，有如下性质成立：

$$\pi_Y[a]=e^{-r}a，对于任意实数 a$$

值得指出的是，衍生给付 $\pi_Y[S]$ 既可以是完全可复制的，也可以不是。容易理解，通常只有线性的衍生给付才是完全可以依据风险资产进行对冲的。

定义3.17（条件精算性定价）：精算条件定价 π_Y 是映射到属于 $C^{\perp}$ 的精算性定价的条件定价：

$$\pi_Y[S^{\perp}]=\pi[S^{\perp}],\text{对于任意的 } S^{\perp}\in C^{\perp}$$

其中，π 为精算性定价。

条件精算性定价的一个例子为条件标准差定价法，满足：

$$\pi_Y[S]=e^{-r}\left(\mathbb{E}^{\mathbb{P}}[S|Y]+\beta\sqrt{\mathrm{Var}^{\mathbb{P}}[S|Y]}\right),\text{对于任意的 } S\in C \tag{3-57}$$

其中，β 是非负实数。另一个条件精算性定价的例子是条件资本成本法定价：对于给定的置信水平 p 和资本成本系数 i，其为：

$$\pi_Y[S]=\mathrm{e}^{-r}(\mathbb{E}^{\mathbb{P}}[S|Y]+i(\mathrm{VaR}_p[S|Y]-\mathbb{E}^{\mathbb{P}}[S|Y])),\text{对于任意的 } S\in C \tag{3-58}$$

其中，$\mathrm{VaR}_p[S|Y]$ 是负债 S 的风险水平 p 下的在险价值（value - at - risk)，基于资产价格在时刻1时所提供的信息。此外，条件精算性定价的例子还可以是：

$$\pi_Y[S]=e^{-r}\theta_S^f\cdot Y \tag{3-59}$$

其中，θ^f 是公允对冲器。

接下来，我们基于条件精算性定价提出保险负债评估和定价的两步定价法。

定义3.18（两步定价法（two - step valuation，TS valuation））：两步定价是满足如下条件的映射 $\rho: C\to\mathbb{R}$：存在一个条件精算性定价 π_Y 和等价鞅测度 EMM $\mathbb{Q}$ 使得：

$$\rho[S]=\mathbb{E}^{\mathbb{Q}}[\pi_Y[S]],\text{对于任意负债 } S \tag{3-60}$$

对于任意负债 S，$\rho[S]$ 是其两步定价（TS valuation）价格。

容易验证，定义为式（3-60）的映射具有归一化和平移不变性质，说明了两步定价符合定价的定义。从定义可知，两步定价的确定取决于一个条件精算性定价 π_Y 和等价鞅测度 EMM $\mathbb{Q}$。从步骤上来看，两步定价法本质上先对负债 S 采用条件精算性定价 π_Y，然后，再基于给定的测度 $\mathbb{Q}$ 来

决定衍生给付 $e^r\pi_Y$ [S] 的市场价格。

$$S \xrightarrow[\text{第一步}]{\text{映射到衍生给付}} \pi_Y[S] \xrightarrow[\text{第二步}]{\text{选择等价鞅测度}} \cdot \rho[S] = \mathbb{E}^{\mathbb{Q}}[\pi_Y[S]]$$

图 3－6 两步定价法分步骤示意图

我们通过举例来具体说明两步定价法的计算，仍然采用上文中的条件精算性定价的例子。第一个例子是两步标准差定价法，其对于任意负债 S 给出的价格为：

$$\rho[S] = e^{-r}\mathbb{E}^{\mathbb{Q}}\left[\mathbb{E}^{\mathbb{P}}[S \mid Y] + \beta\sqrt{\mathrm{Var}^{\mathbb{P}}[S \mid Y]}\right] \tag{3-61}$$

该结果说明了 ρ [S] 是对衍生给付在金融市场上的定价，其基于时刻 1 下的资产价格对负债 S 的定价采用了标准差原则。第二个两步定价的例子是两步资产成本法定价：

$$\rho[S] = e^{-r}\mathbb{E}^{\mathbb{Q}}[\mathbb{E}^{\mathbb{P}}[S|Y] + i(\mathrm{VaR}_p[S|Y] - \mathbb{E}^{\mathbb{P}}[S|Y])] \tag{3-62}$$

最后，第三个两步定价的例子是：

$$\rho[S] = e^{-r}\mathbb{E}^{\mathbb{Q}}[\theta_S^f \cdot Y] \tag{3-63}$$

其中，θ^f 是公允对冲器。

本章所提出的两步定价法与 Pelsser et al.（2014）模型中的两步定价法的差异在于是否需要选择等价鞅测度。Pelsser et al.（2014）假设金融市场是完备的，也即任意的 π_Y [S] 是完全可复制的。市场的完备条件说明了存在一个映射 θ^{TS}：$C \to \Theta$ 使得如下成立：

$$\theta_S^{TS} \cdot Y = e^r\pi_Y[S], \text{对于任意的 } S \in C \tag{3-64}$$

在完备性假设条件下，对于负债给付 S 的两步定价的价格 ρ [S] 可以表示为：

$$\rho[S] = e^{-r}\mathbb{E}^{\mathbb{Q}}[\theta_S^{TS} \cdot Y] = \theta_S^{TS} \cdot y \tag{3-65}$$

由于市场完备性等价于存在唯一的等价鞅测度，因此其定价并不依赖于定价测度$\mathbb{Q}$的选择。我们将 θ^{TS} 称为两步定价 ρ 的两步定价对冲器，非冗余假设（3－1）使得能够唯一确定 θ_S^{TS}。容易证明，θ^{TS} 是公允对冲器，且满足：

$$\theta_{S^\perp}^{TS} = (\pi[S^\perp], 0, \cdots, 0), \text{对于任意的 } S^\perp \in C^\perp \tag{3-66}$$

本文的设定考虑了一般情形，并不要求市场完备性，也即并不存在唯一的等价鞅测度。在非完备市场条件下，我们提出的两步定价法是真正意义上的“两步”，原因在于：其具体实现需要从可行的等价测度集合中选取一个合适的定价测度$\mathbb{Q}$。因此，两步定价$\rho[S]$的实现既有赖于条件定价，也依赖于定价测度的选取。

接下来的定理将证明，本章提出的两步定价法与公允定价法是等价的。

定理3.8：映射$\rho: C \rightarrow \mathbb{R}$是两步定价当且仅当其是公允定价。

证明：(1) 考虑两步定价ρ，对于任意的负债S有$\rho[S]=\mathbb{E}^{\mathbb{Q}}[\pi_Y\cdot[S]]$。容易证明，$\rho$既是市场一致定价也是精算性定价，因此$\rho$是公允定价。

(2) 往证公允定价ρ是两步定价。基于定理3.1可知，存在一个公允对冲器θ^f使得：

$$\rho[S]=e^{-r}\mathbb{E}^{\mathbb{Q}}[\theta_S^f\cdot Y]\text{，对于任意的 }S\in C$$

由于$e^{-r}\theta_S^f\cdot Y$是条件精算性定价，因此ρ是两步定价。

基于定理3.8，两步定价法与公允定价法等价，说明了两步定价法和对冲定价法都是具体实现市场一致性定价和公允定价的实现方法。不同的是，对冲定价法的实现取决于对冲技术和基础精算性定价的选取；两步定价则是有赖于条件定价π_Y和等价鞅测度$\mathbb{Q}$的选取。

讨论两步定价ρ对特殊乘积型负债的定价，ρ是基于条件定价π_Y和等价鞅测度$\mathbb{Q}$的两步定价法。对于$S^h\in C^h$并且$S^\perp\in C^\perp$，当如下性质成立时，

$$\pi_Y[S^h\times S^\perp]=S^h\times\pi[S^\perp] \tag{3-67}$$

可知，负债$S^h\times S^\perp$的两步定价价格为：

$$\rho[S^h\times S^\perp]=\mathbb{E}^{\mathbb{Q}}[S^h]\times\pi[S^\perp] \tag{3-68}$$

通常来讲，在风险完全可分散（complete diversification）的情况下，例如，当满足$S^\perp=\mathbb{E}^{\mathbb{P}}[S^\perp]$时，式（3-67）能够被满足，并且式（3-68）则成为了Brennan-Schwartz公式（3-20）。基于该结果可知，式（3-68）

是对 Brennan et al.（1976）提出的公式（3-20）的一般化。容易证明，一般化的 Brennan-Schwartz 公式（3-68）对于 $S^h \geqslant 0$，在标准差两步定价式（3-61）与资本成本两步定价式（3-62）下均成立。

3.5.2 应用举例

本节介绍两步定价法的具体应用举例，为了便于比较和行文一致性，这两个例子分别延续了 3.4 节中考虑的例 3-3 和例 3-4 中的具体设定。

例 3-5：本例子延续例 3-3 中的具体设定。

（1）假设存在一个不被交易的生存指数，金融市场的可交易资产包括零息债券和股票。考虑保险公司承保的复合负债定义见式（3-50），对该负债进行公允定价。

我们采用上文中介绍的两步资本成本法对该负债进行计算，具体参数为 $r=0$，$p=0.995$ 并且 $i=0.06$。考虑到 $I \in C^{\perp}$ 并使用一般化的 Brennan-Schwartz 公式（3-68），可得：

$$\rho[S] = \mathbb{E}^{\mathbb{Q}}[1-Y^{(1)}] \times \pi[1-I] = \frac{53}{200}$$

在该设定下，期末时刻的资产价格向量为 $Y=(Y^{(0)}, Y^{(1)})$。容易验证，两步对冲器的对应对冲 θ^{TS} 为：

$$\theta^{TS} = (0.53, -0.53)$$

由此可得：

$$\rho[S] = \theta_S^{TS} \cdot y = \frac{53}{200}$$

（2）假设市场上除了零息债券和股票，生存指数 I 也被交易，其当前价格为 $y^{(2)}=2/3$，并且时刻 1 的价格为 $Y^{(2)}=I$。在该情形下，时刻 1 时的资产价格向量为 $Y=(Y^{(0)}, Y^{(1)}, Y^{(2)})$，并且 S 是不能被资产 Y 所完全复制的。两步资本成本定价式（3-62）转化为：

$$\rho[S] = \mathbb{E}^{\mathbb{Q}}[(1-Y^{(1)}) \times (1-Y^{(2)})]$$

为了计算得到 ρ，对于金融市场必须确定一个特定的风险中性测度$\mathbb{Q}$。容易验证，测度$\mathbb{Q} \equiv (q_{00}, q_{10}, q_{01}, q_{11})$ 是等价鞅测度当且仅当存在一

个 $q\in(0,\frac{1}{3})$ 使得：

$$q_{00}=q,\ q_{10}=\frac{1}{3}-q,\ q_{01}=\frac{1}{2}-q \text{ 并且 } q_{11}=\frac{1}{6}+q \qquad (3-69)$$

注意到，负债给付 S 仅仅在情形 $(Y^{(1)},Y^{(2)})=(0,0)$ 时不为零，可得：

$$\rho[S]=q$$

因此，两步定价价格 $\rho[S]$ 可以等于区间 $(0,\frac{1}{3})$ 中的任何价格，具体取值取决于等价鞅测度 EMM 的选取。例如，当 $Y^{(1)}$ 和 I 在测度$\mathbb{Q}$下相互独立时，两步定价法的价格 S 等于 1/6。

（3）现在考虑金融市场上除了零息债券，股票和生存指数外，还存在看涨期权，其在时刻 1 的给付见式（3-52），其现价为 $y^{(3)}=\frac{1}{6}$。在该情形下，式（3-69）中的等价鞅测度的集合满足 $q\in(0,\frac{1}{3})$ 和如下额外条件：

$$y^{(3)}=\mathbb{E}^{\mathbb{Q}}[Y^{(3)}]$$

该情形使得存在一个唯一的形如式（3-69）的等价鞅测度$\mathbb{Q}$且 $q=\frac{1}{6}$。因此，在完备的市场情形下，负债给付 S 的公允定价为：

$$\rho[S]=\frac{1}{6}$$

值得注意的是，在唯一的等价鞅测度$\mathbb{Q}$情形下，给付 $Y^{(1)}$ 和 I 是独立的。

例 3-6：本例子考虑例 3-4（2）中所考虑的模型设定。

定义总的集合为 $(\Omega,2^{\Omega},\mathbb{P})$，其中：

$$\Omega=\{(x_1,x_2)\mid x_1\in\mathcal{A};\ x_2=0,1,\cdots,N^{\text{nat}}\}$$

(x_1,x_2) 代表了 $(Y^{(1)},Y^{(2)})$ 的一种可能情形。假设定义在式（3-53）的保险负债 S 是依据形如式（3-61）的两步标准差定价方法价的，其中，

$Y=(Y^{(0)}, Y^{(1)}, Y^{(2)})$。基于死亡率与股票价格在概率测度$\mathbb{P}$下的独立性，可以得到：

$$\rho[S]=e^{-r}\mathbb{E}^{\mathbb{Q}}\left[\mathbb{E}^{\mathbb{P}}[S\mid I]+\beta\sqrt{\mathrm{var}^{\mathbb{P}}[S\mid I]}\right]$$

考虑到：

$$\mathbb{E}^{\mathbb{P}}[S\mid I]=\frac{N^{\mathrm{ins}}}{N^{\mathrm{nat}}}I$$

和

$$\mathrm{var}^{\mathbb{P}}[S\mid I]=\frac{N^{\mathrm{ins}}(N^{\mathrm{nat}}-N^{\mathrm{ins}})}{N^{\mathrm{nat}}(N^{\mathrm{nat}}-1)}I\frac{N^{\mathrm{nat}}-I}{N^{\mathrm{nat}}}$$

可以得到：

$$\rho[S]=\frac{N^{\mathrm{ins}}}{N^{\mathrm{nat}}}y^{(2)}+\beta e^{-r}\mathbb{E}^{\mathbb{Q}}\left[\sqrt{\frac{N^{\mathrm{ins}}(N^{\mathrm{nat}}-N^{\mathrm{ins}})}{N^{\mathrm{nat}}(N^{\mathrm{nat}}-1)}Y^{(2)}\frac{N^{\mathrm{nat}}-Y^{(2)}}{N^{\mathrm{nat}}}}\right] \quad (3-70)$$

非完备市场要求对负债 S 的定价需要选择一个等价鞅测度$\mathbb{Q}$。假设$\mathcal{A}$是一个可数集,并且满足对于任意的$(x_1,x_2)\in\Omega$有$\mathbb{P}[Y^{(1)}=x_1,Y^{(2)}=x_2]>0$成立。定义 q_{x_1,x_2} 为 $\mathbb{Q}[Y^{(1)}=x_1,Y^{(2)}=x_2]$，以及 $q_{x_1\cdot}=\sum_{x_2=0}^{N^{nat}}q_{x_1,x_2}$ 且 $q_{\cdot x_2}=\sum_{x_1\in\mathcal{A}}q_{x_1,x_2}$。所有等价鞅测度的集合$\mathcal{M}$是所有该满足如下条件的概率测度$\mathbb{Q}$的集合：对于任意的$(x_1,x_2)\in\Omega$，$q_{x_1,x_2}>0$ 并且满足：

$$\sum_{x_1\in\mathcal{A}}x_1\times q_{x_1\cdot}=e^{r}y^{(1)}\text{ 且 }\sum_{x_2=1}^{N^{\mathrm{nat}}}x_2\times q_{\cdot x_2}=e^{r}y^{(2)}$$

当被保人群体即为全体居民时，从式（3－70）可知对于负债 S 的两步定价价格 $\rho[S]$ 等于国民生存指数的价格 $y^{(2)}$。

3.6 本章小结

首先，本章的主要贡献在于基于市场一致性提出了保险负债公允定价方法，并给出了公允定价的具体实现方式。本章第一个提出了负债评估方法的精算性性质定义，并结合市场一致性提出保险负债公允评估方法。本章证明了公允定价法、对冲定价法以及两步定价法之间的等价性。

本章证明了对冲定价法和两步定价法是两类实现公允定价的特定方法。对冲定价将任何复合负债首先依据选取的对冲方法区分为可对冲负债和剩余负债，对冲定价等于可对冲部分的市场价格与剩余负债的精算性定价之和。对冲定价的实现是基于对冲器和基础精算定价的选取，并不依赖于等价鞅测度的选择。两步定价法的第一步先将负债映射到条件定价中，再选取等价鞅定价测度对条件定价的衍生给付进行定价。本章提出的两步定价法不要求市场必须是完备的，有赖于条件定价和等价鞅测度的选取。相比之下，对冲定价法更具有实际操作上的优越性，其将公允价值显性地分解表达为金融价格部分和精算价格部分。由于等价鞅测度的抽象性和难以唯一确定，两步定价法对于负债的定价过程并不直观，定价测度的概念在实务中是缺乏可操作性的。具体如表 3 - 3 所示。

表 3 - 3　对冲定价法与两步定价法的实现比较

负债公允评估实现方法	具体实现需要选取	是否直观（实务操作上）
对冲定价方法	对冲技术方法	是
	风险边际计算方法	是
两步定价方法	条件定价方法	否
	等价鞅测度	否

其次，本章还提出了凸对冲技术与凸对冲定价方法。我们从理论上证明了该方法是用于实现公允定价的一类等价方法。凸对冲定价技术允许精算师在负债评估时选择合适的凸函数作为目标进行对冲组合选择，将公允定价中对冲器的选择问题转化成为了凸函数选择问题，具有良好的实操可行性。

综上所述，本章提出了公允定价方法，并在理论上给出其等价的具体实现方式。特别地，本章基于具体例子分析和介绍了公允定价方法的实现。根据理论分析结果，本章认为基于市场一致性的公允定价方法对于保险负债是合适的、并且具有良好性质的负债评估方法。

第 4 章　市场一致性保险负债评估的精算保守性

4.1　本章引言

2017 年 8 月保监会启动的偿二代二期工程建设方案在具体任务中明确提出，“修订完善保险合同准备金负债的评估标准，确保负债评估的稳健”。因此，本书不仅研究市场一致性负债评估方法的性质与实现，还关注负债评估方法的保守性与稳健性。本章研究市场一致性保险负债评估方法的保守性程度，希望为偿二代的后期建设提供参考建议。

本章的研究对象是市场一致性负债评估方法的精算保守性（actuarial conser - vatism）或稳健性，指的是负债评估方法为避免损失的保守倾向程度的度量。精算保守性的概念已经存在于相关文献中。Trowbridge（1989）第一个提出了精算保守性的定义，认为精算保守性是指对保险负债给付给出更高价格的精算技术特征。之后，（Brian，1995）又对精算保守性的定义做出进一步的扩展，认为精算保守性指的是保险公司为了更高的安全边界而故意一定程度地提高保费的现象。另外，也有一些保险会计的文献研究了精算保守性，例如，Adeyele et al. （2010） 和 Booth et al. （2004） 等。

精算保守性的现象也广泛地体现在一些具体应用场景中。例如，Brian（1995）举出的一个典型的精算保守性的例子是精算师往往需要在对分红险保单进行保费计算时采取更为保守的假设与模型，通常会给出一个较高的保费，用以在后期盈利时进行分红。在保守定价情形下，保险公司能够有较大概率获得利润并在后期进行分红。另外一个精算保守性的例子是关于公共养老金的精算展望。在公共养老金的管理上，在许多国家如美国，社会保障或公共养老金的管理部门需要定期对公共养老金基金的财务状况进行评估并进行长期展望。管理部门披露的展望报告通常会包括多种情形下的财务状况展望结果，包括了乐观、中观和悲观情形。事实上，不同情形反映的是精算师采用了不同保守程度的评估结果，用以给管理者和监管者提供政策制定建议。

市场一致性保险负债评估方法同样也具有不同的保守性或稳健性程度。研究基于市场一致性的负债评估方法的精算保守性程度度量需要基于两个步骤：一是充分了解市场一致性负债评估方法的性质与具体实现；二是利用合适的保守性度量测度对负债评估方法进行度量。因此，本章在第 3 章介绍的市场一致性负债公允定价方法的基础上，进一步研究对市场一致性负债评估方法的保守性度量。

4.1.1　问题的现实来源

本章关注的现实问题是：偿二代二期工程建设方案明确要求在“修订完善保险合同准备金负债的评估标准”的同时，要“确保负债评估的稳健”。衡量基于市场一致性的负债评估方法的稳健性是重要的实际问题。

精算保守性的概念反映了负债评估的稳健性，与评估方法的实现技术密切相关。例如，精算技术或模型中的概率假设在很大程度上决定了负债评估方法的稳健性程度。绝大多数的保险负债是或有负债，取决于随机事件的发生。明显地，对于事件发生概率的估计本身就反映了保险公司负债评估方法的保守程度。例如，在健康险、财产险和意外险的保费定价中，对于损失事件发生频率的较高估计就是较高的精算保守性的体现；在寿险的定价中，对于死亡率的较高估计也是较高的精算保守性的体现。但是，在对年金保险定价时，较低的死亡率估计假设却是较高的精算保守性的体现。

类似地，对冲技术会影响市场一致性评估负债评估方法的保守性。

Solvency Ⅱ的市场一致性要求允许保险负债最优估计的实现方式可以是基于对冲技术构建复制和对冲组合的成本（Dhaene et al.，2017；Moehr，2011；Pelsser et al.，2014；Salzmann et al.，2010；Tsanakas et al.，2013；Wüthrich et al.，2013）。显然，不同的市场一致性定价方法的对冲组合与风险边际组成及比例也不相同。此外，本书第3章提出的公允定价方法在实现上也有赖于对冲技术。因此，除了风险边际对市场一致性负债评估的保守性具有影响之外，对冲技术也会对评估方法的保守性带来很大影响。具体如图4-1所示。

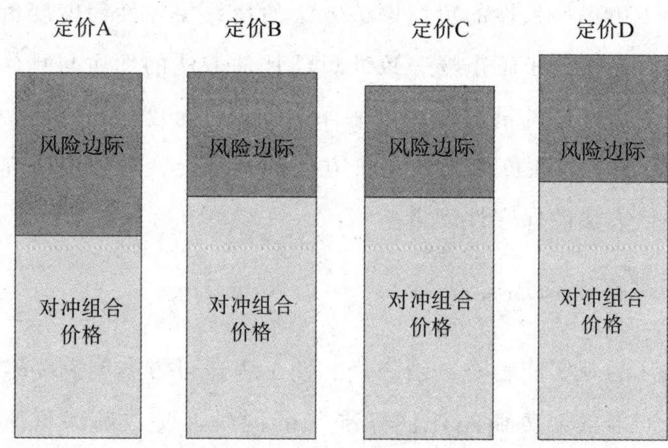

图4-1 不同的市场一致性负债公允评估方法对比示意图

本章基于第3章介绍的基于市场一致性的负债评估实现方式研究不同的评估方法的保守性衡量。不同的市场一致性负债公允评估方法在对冲组合价格与风险边际的比例上可能存在差异。本章研究的问题是：对冲技术与保险负债评估方法的保守性存在什么联系？如何度量其保守性？更进一步地，我们希望基于对冲技术与负债评估方法保守性程度的影响分析结果，提出能实现不同保守性程度的凸对冲技术与评估方法。

4.1.2 本章的学术贡献

本章延续了第3章的保险负债市场一致性评估方法的单期模型，研究精算保守性的概念与度量。

首先，本章分析了负债评估与定价方法的精算保守性程度与残余风险（residual risk）之间的联系，并在此基础上讨论了对精算保守性的度量。虽然精算保守性概念衡量了负债评估与定价方法的稳健性，但是还没有文献在市场一致性定价理论框架下对其进行研究与分析。市场一致性性质要求将保险负债中的可被复制部分采用市场方式定价，使得保险精算定价愈发需要依赖对冲技术。基于第 3 章联系了定价与对冲器的等价性的工作，本章研究了精算保守性与定价后的残余风险的关系，并提出相对保守性度量方法。我们还在市场一致性条件下联系了绝对保守性与相对保守性度量。

其次，本章基于对市场一致性负债评估方法保守性程度的研究，分析和讨论了基于更保守的对冲实现更加保守的市场一致性和公允定价方法的方式。市场一致性要求使得保险负债评估与定价方法采取的对冲技术与精算保守性程度密不可分。由于存在各种各样的各有优劣的对冲技术，不同的评估方法有赖于对冲器的选取，对冲技术间接地决定了负债评估方法的保守性程度。本章提出了更具保守性的对冲技术，损失厌恶凸对冲器（loss averse convex hedge），该方法的原理是在对冲时候区别地“惩罚”可能的损失与收益情形。与 Solvency Ⅱ 和偿二代选取的风险边际（risk margin）方法类似，该方法用于提高定价保守性。

本章工作的贡献在于：一是为偿二代二期工程吃透市场一致性保险负债评估方法的稳健性评估和度量方式提供参考；二是提出了损失厌恶凸对冲技术，提供了一种实现稳健的市场一致性负债评估的具体方法。

4.1.3　本章结构安排

本章的安排如下：4.2 节回顾和介绍本章考虑的金融与保险风险的单期模型设定；4.3 节在市场一致性定价的框架中提出了精算保守性度量，并讨论了保守性与残余风险之间的关系；4.4 节提出并研究了损失厌恶对冲器，包括损失厌恶凸对冲器和均值—方差对冲器，并进行了性质研究和数值模拟；最后4.5节总结本章。

4.2 金融与保险风险单期模型设定

本章延续第3章中的单期的金融与保险模型设定，具体的模型设定参见第3章的3.2节。本节简单地介绍和回顾重要的模型设定。

在单期模型中，假设时刻0为当前时刻，时刻1为负债到期时刻。真实物理测度为$\mathbb{P}$，该金融与保险模型（Ω，$\mathcal{G}$，$\mathbb{P}$）中有$n+1$个可交易资产。其中编号为0的资产是无风险资产，其现价为$y^{(0)}=1$，其期末1时刻的给付为$Y^{(0)}=e^{r}$，$r\geqslant 0$为无风险收益率。其余n个资产为风险资产，分别编号为1，…，n。对于编号$m\in\{1, 2, n\}$的风险资产，其所对应的资产现价为$y^{m}>0$，其到期时刻1的价格为$Y^{(m)}\geqslant 0$。模型采用向量的方式来表征资产在时刻0和1时的价格，分别记为：

$$y=(y^{(0)}, y^{(1)}, \cdots, y^{(n)})$$

和

$$Y=(Y^{(0)}, Y^{(1)}, \cdots, Y^{(n)})$$

在模型中，我们假设这$n+1$个资产是非冗余的。

随着保险市场与金融市场的发展，保险负债与市场风险的关联越来越密切。在模型中，保险负债是定义在概率空间（Ω，$\mathcal{G}$，$\mathbb{P}$）上的随机变量。根据负债可以被金融资产组合所复制的程度，负债可以分为可复制负债S^{h}、正交负债$S^{\perp}$和复合负债①。在实际情形中，绝大多数的保险负债既非完全可复制的，也非正交的，而是可以被部分复制和对冲的。

本章模型中的交易策略$\theta=(\theta^{(0)}, \theta^{(1)}, \cdots, \theta^{(n)})$是$n+1$维的实值向量，$\theta^{(m)}$是投资于编号$m$资产的头寸，时刻0和1时的交易策略$\theta$仍分别记为：

$$\theta\cdot y=\sum_{m=0}^{n}\theta^{(m)}y^{(m)}$$

① 具体定义见章节3.2。

和

$$\theta \cdot Y = \sum_{m=0}^{n} \theta^{(m)} Y^{(m)}$$

将所有的交易策略 $\theta = (\theta^{(0)}, \theta^{(1)}, \cdots, \theta^{(n)})$ 的集合记为 Θ。对冲器是从负债 S 到交易策略 $\theta_S = (\theta_S^{(0)}, \theta_S^{(1)}, \cdots, \theta_S^{(n)})$ 的映射。即对冲器对于任意的负债 S 给出了对应的用以对冲的交易策略 θ_S。对于同样的负债 S，不同的对冲器或者对冲方法会给出不同的对冲结果，常见的对冲器有均值—方差对冲器（MV hedger）。保险负债评估的用以对冲的交易策略 θ_S。对于同样的负债 S，不同的对冲器或者对冲方法会给出不同的对冲结果，常见的对冲器有均值—方差对冲器（MV hedger）。保险负债评估定价方法 ρ：$C \to \mathbb{R}$是从负债 S 到实数的映射。第 3 章已经介绍了根据性质，定价与对冲器可以分成市场一致性、精算性与公允性定价和对冲器。

根据欧盟 Solveny Ⅱ和我国偿二代监管的规定，寿险负债评估的准备金评估由两部分组成：最优估计和风险边际，即：

$$\text{寿险负债评估} = \text{最优估计} + \text{风险边际} \tag{4-1}$$

由于欧盟 Solveny Ⅱ监管强调保险负债评估的市场一致性原则，最优估计依赖于对冲技术和金融市场信息，因此又被称为对可对冲部分的定价。保险负债除去对冲剩余后的部分为不可对冲部分，被称为剩余风险（remaining risk）①。第 3 章提出了负债评估的公允定价方法和具体性质，并证明了其等价于如下形式的对冲定价法：

$$\rho[S] = \theta_S \cdot y + \pi[S - \theta_S \cdot Y]，\text{对于任意的负债 } S \tag{4-2}$$

其中，θ 是公允对冲器，π 是精算定价。

对比式（4-1）和式（4-2）可知，公允定价方法采用了公允定价器 θ 对保险负债的可对冲部分进行对冲和定价，其可对冲部分的定价为 $\theta_S \cdot Y$。保险负债中的剩余风险部分具体为 $S - \theta_S \cdot Y$，采用精算模型对剩余风险进行定价，其定价部分被称为风险边际。欧盟 Solvency Ⅱ监管规定了风

---

① 具体可见 Dhaene et al.（2017）。

险边际的一般计算方法——资本成本法，其计算公式为$i \cdot VaR$，其中VaR为剩余风险的在险价值。

接下来，我们明确本书中的残余风险（residual risk）与剩余风险（remaining risk）在概念上的差异。残余风险$Rr_\rho(S)$指的是在期末时刻与负债评估对应的投资组合与负债给付之间的偏差①，具体定义如下。

定义4.1（残余风险）：对于满足$\rho[S]=\theta_S \cdot y$的定价ρ和对冲器θ，其残余风险为：

$$Rr_\rho(S)=Rr_\theta(S)=S-\theta_S Y，对于任意的负债 S \in C \tag{4-3}$$

在本书中，残余风险$Rr_\rho(S)$为正时对应损失偏差情形，即期末时刻负债给付大于负债评估对应的组合价格，差额绝对值是保险公司承受的损失。反之，如果残余风险为负，则是收益偏差情形，差额绝对值是保险公司的收益。显然，残余风险$Rr_\rho(S)$直接对应于所采用的定价或对冲器。因此，残余风险的正负性或分布可以作为衡量定价与对冲器保守性的依据。例如，一个极端的例子是当某策略θ_S超额复制（super - replicate）了负债S，即在期初时刻0能保证期末时刻一定有$\theta_S Y \geqslant S$成立，即$Rr_\rho(S)\leqslant 0$的概率则为1。相反的极端情形是当某策略θ_S少额复制（sub - replicate）负债给付S，即在任何情形下都有$Rr_\rho(S)\geqslant 0$成立。从直观上容易理解，超额复制情形的精算保守性程度要高于少额复制情形。

下一节将具体研究在市场一致性保险负债评估监管要求下残余风险与负债评估定价方法的精算保守性度量之间的关系。

4.3 精算保守性与残余风险

本节首先回顾了相关文献对于精算保守性的定义，并分析了不同定价方法和对冲器的精算保守性的程度比较。此外，本节探讨了残余风险与负

---

① 期末的负债评估价格同定义式，等于两部分之和：对冲组合部分的价格为组合的市场价格，风险边际部分为无风险资产的期末价格。

债评估定价方法的保守性之间的联系，并在此基础上提出了精算保守性的度量。本节延续了第3章中的单期模型，研究市场一致性负债评估定价方法的保守性。

4.3.1　绝对保守性度量

精算保守性的定义最早可追溯至 Trowbridge（1989），其提出精算保守性指的是对保险负债给付给出更高价格的精算技术特征。该定义明确说明了负债评估或定价的价格是保守性的度量，越高的价格反映出越高的保守性。因此，在本章模型中，定价 ρ^A（对冲器 θ^A）被称为比定价 ρ^B（对冲器 θ^B）更保守（more conservative），如果其满足如下条件：

$$\rho_S^A \geqslant \rho_S^B$$

或

$$\theta_S^A \cdot y \geqslant \theta_S^A \cdot y$$

显然，保守性是个相对概念。如果对于负债给付 S，定价 ρ^A 比定价 ρ^B 更保守，那么就称定价 ρ^B 比定价 ρ^A 更激进（less conservative）。举个简单的例子，现值通常是与折现率呈负相关。因此，对负债定价采用越低的折现率的定价越保守；而采取越高的折现率的定价则越激进。

Trowbridge（1989）提出的精算保守性概念的比较需要针对某个给定的负债而言。现实中可能存在如下的情形：对于某些负债给付，定价 ρ^A 比定价 ρ^B 更保守；同时对于另外某些负债，ρ^B 比定价 ρ^A 更保守。但是，通常意义上期待的保守性是指，无论对于任何的保险负债，更保守的定价方法都会给出更高的价格。为了更好地界定精算保守性以及其性质，本节定义和研究如下的绝对保守性测度（absolute conservativeness measure）。

定义4.2：定价 ρ^A（对冲器 θ^A）被称为比定价 ρ^B（对冲器 θ^B）更绝对保守（more conservative under absolute conservativeness measure），如果其满足如下条件：

$$\rho_S^A \geqslant \rho_S^B，\text{对于任意的负债 } S \in C$$

或

$$\theta_S^A \cdot y \geqslant \theta_S^A \cdot y，对于任意的负债 S \in C$$

为了简化符号，将绝对保守性测度下的 ρ^A（对冲器 θ^A）比定价 ρ^B（对冲器 θ^B）更绝对保守记为：$\rho_S^A \geqslant_{AC} \rho_S^B$ 和 $\theta_S^A \cdot y \geqslant_{AC} \theta_S^A \cdot y$。值得注意的是，绝对保守性的定义并未考虑：对于任意的负债 $S \in C$，定价 ρ^A（对冲器 θ_S^A）始终等于定价 ρ^B（对冲器 θ_S^B）的情形，因为该情形说明了两个定价是同一个定价。显然，绝对保守性测度下的保守性顺序符合传递性。即如果 $\rho_S^A \geqslant_{AC} \rho_S^B$ 且 $\rho_S^B \geqslant_{AC} \rho_S^C$，那么 $\rho_S^A \geqslant_{AC} \rho_S^C$ 成立。

4.3.2 残余风险与保守性度量

残余风险的概率分布可以反映出定价 ρ 或对冲器 θ 的保守性程度。在对保险负债进行评估与定价时，无论采取什么样的定价与对冲方法，负债评估或定价几乎不可能准确地等于最后真实赔付支出。负债评估与真实给付之间大概率存在着可能偏差，该偏差是由定义在式（4－3）的残余风险（residual risk）来度量。显然，定价的保守性程度会很大程度低影响残余风险的分布。即定价的精算保守性可以通过风险度量（risk measure）对定价的残余风险进行测量。风险度量 τ 可以是形如在险价值（value－at－risk，VaR）和预期损失（expected shortfall，ES）等风险测度，用于度量残余风险 $Rr_\rho(S)$。所以，本节提出定价的保守性测量可以表示为 $\tau[Rr_\rho(S)]$。

从另一个角度来看，残余风险 $Rr_\rho(S)$ 可以被视为一个负债，在到期有可能支出或得到现金流。在该观点下，适用于残余风险的风险度量 τ 的一个自然选择就是负债定价，如公允定价或对冲定价等。因此，基于定价 τ 度量的被测量定价 ρ 的保守性程度为：

$$\begin{aligned}\tau[Rr_\rho(S)] &= \theta^\tau_{Rr_\theta(S)} \cdot y \\ &= \theta^\tau_{S-\theta_S Y} \cdot y \end{aligned} \tag{4-4}$$

其中，$\theta_S^\tau = (\tau[S], 0, \cdots, 0)$ 为对冲器。在该式子中，θ^τ 是应用于度量对冲器 θ 残余风险的风险测度。

为了说明本节提出的保守性程度度量方式具有合理性，我们将举例说明 Sol－vency Ⅱ 等风险导向偿付能力监管要求的偿付能力资本要求（solvency capital requirement，SCR）的计算原理本身就是用于保险公司残余风险的风险测度。Solvency Ⅱ和偿二代的偿付能力资本要求是监管机构为了使保险公司应对重大不可预见损失，保证对保单持有人的赔付而持有的资本。SCR 采用类似银行计提信用风险资本要求的方法，计算一年时间窗口，真实物理测度下的 99.5% 置信区间的在险价值。SCR 的计算是保险监管的核心关注点，以确保保险公司在接下来一年中存续的概率超过 99.5%。接下来，本节通过例子具体说明偿付资本要求可以被表达成为 $\tau[Rr_\rho(S)]$ 的形式。

例 4－1（偿付能力资本要求的残余风险的风险测度形式表达）：

本例子将证明保险业偿付能力资本要求（SCR）的形式可以表达为形如式（4－4）的基于残余风险的风险测度。偿付能力资本要求（SCR）是一年时间窗口下的 99.5% 置信区间的在险价值，其计算公式表达为：

$$Pr\{\theta_S \cdot Y + SCRe^r \geqslant S\} \geqslant p$$

或

$$Pr\{SCR \geqslant e^{-r}(S - \theta_S \cdot Y)\} \geqslant p$$

其中，$\theta_S \cdot Y$ 是负债的评估与定价。此处偿付能力资本 SCR 的投资收益率被假设为投资于无风险资产 $y^{(0)}$ 的无风险收益率，单位期初投资的期末价值为 e^r。因此，偿付能力资本要求（SCR）的计算可以表达为：

$$SCR = \max\{\inf\{V: Pr\{V \geqslant e^{-r}(S - \theta_S \cdot Y)\} \geqslant p\},\ 0\} \tag{4-5}$$

在绝大多数情形下有 $SCR \geqslant 0$，故式（4－5）可以简化为：

$$\begin{aligned} SCR &= e^{-r} VaR_p(S - \theta_S \cdot Y) \\ &= e^{-r} \theta_{S-\theta_S Y}^{VaRp} \cdot y > 0 \end{aligned} \tag{4-6}$$

其中，VaR_p 是计算分布的 p 分位数，对冲器是具体形如 $\theta_S^{VaRp} = (e^{-r} \cdot VaR_p(S),\ 0,\ \cdots,\ 0)$ 的对冲器。因此，式（4－6）证明了偿付能力资本要求可以等价表达为保险公司承保风险定价后的残余风险的度量。

例 4－1 是对形如式（4－4）的定价保守性测度的应用例子。从这一视角来看，保险业监管对于保险公司的偿付能力资本要求 SCR 可以视作为是其残余风险的“再定价”，但采用的测度是更精算保守的定价。对此的直观解释是，监管机构出于审慎和维护投保者利益的角度，其保守态度要更高于需要考虑市场竞争的保险公司。因此，偿付能力资本要求 SCR 可以被视作监管与保险公司定价保守性之“差”。采用越保守定价的保险公司，其 SCR 越低；反之，采用越不保守定价的保险公司，其 SCR 越高。

4.3.3 相对保守性度量

本节提出另外一个度量定价与对冲器的保守性的测量——相对保守性测量。上一节已经介绍了定价保守性可以通过应用于残余风险的风险测度来度量和比较两个对冲器 θ^A 和 θ^B，或者两个定价 ρ^A 和 ρ^B。在直观上，一个更保守的定价计算的保费往往越高，残余风险就越小，甚至提供了足够多的安全边界使得保费高于实际赔付，且反之亦然。本节提出通过比较两个定价各自对对方的残余风险的定价作为新的保守性度量指标。

定价 ρ^A 对定价 ρ^B 的残余风险 $Rr_{\rho^B}(S)$ 的度量为：

$$\rho^A[Rr_{\rho^B}(S)] = \theta^A_{S-\theta^B_S Y} \cdot y$$

同样，定价 ρ^B 对定价 ρ^A 的残余风险的度量为 $\rho^B[Rr_{\rho^A}(S)]$。因此，通过比较 $\rho^A[Rr_{\rho^B}(S)]$ 和 $\rho^B[Rr_{\rho^A}(S)]$ 可以得到相对保守性的顺序（conservativeness order)，将该差别定义为相对保守性差异（relative conservativeness difference，RCD)：

$$RCD(\rho^A_S,\ \rho^B_S) = \rho^A[Rr_{\rho^B}(S)] - \rho^B[Rr_{\rho^A}(S)] \tag{4-7}$$

在该方法下，两个定价 ρ^A 和 ρ^B（或对冲器 θ^A 和 θ^B）的保守性顺序取决于相对保守性差异 $RCD(\rho^A_S,\ \rho^B_S)$ 的正负性。直观地，对于一个更保守的对冲器 θ^A 而言，相对较不保守的对冲器 θ^B 的残余风险是一个仍然需要成本进行对冲的组合。相反地，更保守的对冲器 θ^A 的残余风险对于相对较不保守的对冲器 θ^B 的对冲成本较低，甚至无需保费。在该情形下，相对保守性差异 RCD 取值为正。

类似于上一节的绝对保守性度量，本节基于相对保守性差异 RCD 定义两个不同定价之间的相对保守性顺序。由定理 3.1 可知，定价的相对保守性顺序与对应的对冲器相同。

定义 4.3（定价的相对保守性顺序）：对于任意两个定价 ρ^A 和 ρ^B，

（1）ρ^A 比 ρ^B 更相对保守（more conservative under relative conservativeness measure），如果其满足：

$$RCD(\rho_S^A, \rho_S^B) \geqslant 0，对于任意的 S \in C$$

（2）ρ^A 和 ρ^B 同样相对保守（equivalent under relative conservativeness measure），如果其满足：

$$RCD(\rho_S^A, \rho_S^B) = 0，对于任意的 S \in C$$

（3）ρ^A 比 ρ^B 更相对不保守（less conservative under relative conservativeness measure），如果对冲器 ρ^B 比 ρ^A 更相对保守。

类似地，定价的相对保守性顺序采用如下符号进行简化表示：$\rho_S^A \geqslant_{RC} \rho_S^B$ 如果 ρ^A 比 ρ^B 更相对保守。值得注意的是，$\rho_S^A =_{RC} \rho_S^B$ 的情形并不能说明两个定价是相同的。由于第 3 章中已经证明了定价与对冲器之间的等价性，对冲器的相对保守性顺序与其对应的定价相同。

接下来，例 4－2 延续了例 4－1 中 SCR 定价与对冲器的例子，通过举例说明定价的相对保守性的比较。

例 4－2（SCR 定价与对冲器的相对保守性）：

考虑两个具有不同的一年期违约容忍概率的偿付能力资本要求，对应的 SCR 对冲器分别为 $\theta_S^{VaRp} = (VaR_{pA}(S), 0, \cdots, 0)$ 和 $\theta_S^{VaRp} = (VaR_{pB}(S), 0, \cdots, 0)$。其中，$p_A$ 和 p_B 是不同的分位数，且 $p_A > p_B$。

对于任意的 $S \in C$，易得：

$$\begin{aligned}\theta^A_{S-\theta^B_S Y} \cdot \gamma &= (VaR_{pA}(S - VaR_{pB}(S)e^r), 0, \cdots, 0) \cdot \gamma \\ &= VaR_{pA}(S^\perp) - VaR_{pB}(S^\perp) > 0\end{aligned}$$

和

$$\theta^B_{S-\theta^A_S Y} \cdot \gamma = VaR_{pB}(S^\perp) - VaR_{pA}(S^\perp) < 0$$

因此，相对保守性差异 $RCD(VaR_{pA}, VaR_{pB}) \geqslant 0$ 成立，则 θ^A 比 θ^B 更相对保守。

例 4－2 可以理解成对应如下的实际情形：假设保险公司采用分位数定价法（在险价值的 p 分位数）对保险负债进行定价，则分位数更高的定价方法是更为保守的定价方法，表现出了更低的风险容忍性。显然，真实的保险定价技术要远比分位数定价法复杂，但这个简单例子是为了说明基于本节的相对保守性差异对不同定价的保守性进行区别。

由于本章关注在风险导向偿付能力监管框架下的负债评估定价与对冲，所以接下来考虑具有市场一致性性质的定价与对冲的保守性度量。以下的性质 4.1 说明，绝对保守性顺序与相对保守性顺序对于市场一致性定价是等价的。

性质 4.1：对于任意的市场一致性定价 ρ^A 和 ρ^B，绝对保守性顺序与相对保守性顺序是等价的：

$$\rho^A[S] \geqslant_{AC} \rho^B[S] \Leftrightarrow \rho^A[S] \geqslant_{RC} \rho^B[S], \text{对于任意的 } S \in C$$

证明：根据市场一致性，有：

$$\rho^A[Rr_{\rho^B}(S)] = \theta^A_{S-\theta^B_S Y} \cdot y = \theta^A_S \cdot y - \theta^B_S \cdot y$$

$$\rho^B[Rr_{\rho^A}(S)] = \theta^B_{S-\theta^A_S Y} \cdot y = \theta^B_S \cdot y - \theta^A_S \cdot y$$

则相对保守性差异为：

$$RCD(\rho^A_S,\ \rho^B_S) = 2(\theta^A_S \cdot y - \theta^B_S \cdot y)$$

由此，容易证明对于市场一致定价与对冲器，绝对保守性顺序与相对保守性顺序具有等价性。

性质 4.1 表明，风险导向监管框架要求的市场一致性定价的保守性度量等价于评估价格与保费定价的高低。并且，对于价格的度量与对残余风险相互度量是等价的。更保守的定价对同样的保险负债会给出更高的评估价格。根据第 3 章可知，公允定价可表达为：

$$\rho[S] = \theta_S \cdot y + \pi[S - \theta_S \cdot Y], \text{ 对于任意的负债 } S$$

对于市场一致性定价或公允定价，其保守性既可以来源于对冲部分，也可以来自风险边际部分。例如，当保险公司采用均值—方差对冲技术对可对冲部分进行定价，那么定价的保守性来自风险边际部分。在相同的对冲技术下，风险边际反映了保守性程度。显然，在风险边际 $\pi(S-\theta^{MC}_S \cdot Y)$ 非负的情形下，具有风险边际的对冲定价 $\rho[S]$ 要比起单纯的对冲组合部分 $\theta_S \cdot y$ 更加保守。本章提出的定价的保守性度量与 Brian（1995）提出的定义在内涵上是一致的，保守性在本质上是出于审慎的态度而提高定价的安全边界。

Solvency Ⅱ和偿二代要求在最优估计基础上基于资本成本法计算风险边际，以提高负债评估方法的保守性程度。但是，Brian（1995）指出保守性的实现方式在很多情形下是隐性的。附加风险边际是提高保险负债评估与定价的保守性方式，此外还有一些隐性的保守性实现方式。由于对保险负债的市场一致性与公允定价离不开对冲技术，接下来本章研究如何通过对冲技术方式实现负债评估的保守性。

4.4　损失厌恶对冲技术

4.4.1　损失厌恶与对冲

损失厌恶源于认知心理学的研究，该研究表明失去带来的疼痛在心理上近乎是两倍于获得带来的乐趣。该原则在经济学和决策理论领域的应用非常广泛，损失厌恶是指相比于获得收益更倾向于避免同等的损失。在经济学中，损失厌恶是前景理论中重要概念，被广泛地理解为“得不偿失”(Kahneman et al.，1979)。损失厌恶意味着一定数量的损失导致的效用损失要高于获得同等数量的收益。大量的文献已经验证了人们在金融市场上的行为表现出了损失厌恶（Gneezy et al.，1997；Locke et al.，1999；Odean，1998；Thaler et al.，1997)。

在通常情况下，保险公司的负债定价都会体现出不同程度的保守性。所以，保险负债定价的保守性本身就体现出了损失厌恶：相对于损失偏差情形（负债定价低于实际给付）保险公司更偏好收益偏差情形（负债定价高于实际给付)[①]。保险公司采用保守性定价的两个主要原因是：一是为了更好地满足了金融监管要求和保障了公众与被保人的利益；二是收益偏差

① 定价与给付的对比考虑了折现，具体见下文。

比起损失偏差是更愿意接受的偏差结果。

在市场一致性保险负债评估要求下，精算保守性的重要实现渠道之一是通过选择合适的对冲技术，如均值—方差对冲等。本书的第 3 章已经证明，对于保险负债评估，公允定价法与对冲定价法是等价的。负债评估中的对冲技术能够充分利用市场价格信息来对负债中可复制部分进行定价，其具体方法的选择也充分反映了定价的保守性程度。因此，本节研究公允定价的对冲技术所反映的损失厌恶程度与定价保守性的关系。

在决策理论中，损失厌恶是通过前景理论的效用函数来刻画的，该效用函数是许多决策优化问题的基础。通常，损失厌恶效用函数是形如 Tversky et al.（1992）提出的效用函数形式：

$$u(x)=\begin{cases}x^{\alpha}, & x\geqslant 0\\ -\lambda(-x)^{\alpha}, & x\leqslant 0\end{cases}$$

由于损失带来的负效用绝对值要比收益的正效用更高，所以 $\lambda>1$。该效用函数被广泛应用于效用最大化与最优化问题中。

对冲器通常是基于最大化或最小化某一个目标对保险负债寻求交易策略。例如，最常见的均值—方差对冲器是基于最小的均方误差原则求解交易策略。还有一类对冲器是基于其它原则，例如，第 3 章中的凸对冲的最优化原则是基于使得负债给付与对冲组合的偏差在 P 测度下的凸函数 u 的期望值最小的原则。可以看出，目标函数中的偏差惩罚函数决定了负债评估时对损失偏差与收益偏差的“惩罚”态度，并最后影响定价的保守性程度。

凸对冲器的定义已经在本书第 3 章中给出，具体也可见 Dhaene et al.（2017）。凸对冲器的具体形式为：

$$\theta_S^u=\arg\min_{\mu\in\Theta}\mathbb{E}^{\mathbb{P}}[u(\mu\cdot Y-S)]，\text{对于任意负债 } S\in C \qquad (4-8)$$

其对应的基础精算定价（underlying actuarial valuation）π^u 为：

$$\pi^u[S^{\perp}]=\arg\min_{S\in\mathbb{R}}\mathbb{E}^{\mathbb{P}}[u(e's-S^{\perp})]，\text{对于任意 } S^{\perp}\in C^{\perp} \qquad (4-9)$$

例如，一个特殊的凸对冲器是当凸函数 $u(x)$ 为二次函数 x^2 时，此时该凸对冲器为均值—方差对冲器。

本章提出并研究具有损失厌恶特征的凸对冲器，关注对冲器在市场一致性负债评估的对冲时所表现出损失厌恶水平与保守性的关系。

4.4.2　损失厌恶凸对冲器

本节提出并研究具有损失厌恶的凸对冲器，并分析损失厌恶凸对冲器的定价性质与保守性性质。在具体提出损失厌恶凸对冲器之前，首先明确凸对冲器中凸函数 $u(x)$ 是连续函数并取值为正。在本节的单期模型中，定义保险负债给付与对冲组合价值的偏差形为 $x=\mu\cdot Y-S$[①]。由于负债的取值为给付的现金流大小，所以 $x<0$ 的情形代表对冲组合价值低于负债，是损失偏差情形；相反的 $x>0$ 的情形代表对冲组合价值高于负债，是收益偏差情形。

事实上，损失厌恶在对冲技术反映了对损失偏差与收益偏差情形具有不同的偏好或容忍程度。为了后文定义方便，首先定义两个特殊的非对称的凸函数类别：逐点负偏凸函数（pointwise negative skewed（PNS） convex function）、逐点正偏凸函数（pointwise positive skewed（PPS） convex function）以及对称凸函数（pointwise symmetric convex function）。

定义 4.4：$u(x)$ 是满足 $u(0)=0$ 的非负严格凸函数，

（1）$u(x)$ 是逐点负偏凸函数（PNS convex function），如果其满足：

$$u(-x)>u(x)>0,\ \text{对于任意的}\ x>0 \tag{4-10}$$

（2）$u(x)$ 是逐点正偏凸函数（PPS convex function），如果其满足：

$$u(x)>u(-x)>0,\ \text{对于任意的}\ x>0 \tag{4-11}$$

（3）$u(x)$ 是对称凸函数（pointwise symmetric convex function），如果其满足：

$$u(x)=u(-x)>0,\ \text{对于任意的}\ x>0 \tag{4-12}$$

下文将逐点负偏凸函数和逐点正偏凸函数分别简称为 PNS 凸函数和

---

① 值得注意的是，该形式与残余风险相反，原因是为了与损失厌恶效用函数中的 x 具有类似含义。

PPS 凸函数。PNS 凸函数和 PPS 凸函数都是非对称的函数，对于收益偏差与损失偏差进行区别对待。PNS 凸函数对损失偏差情形（$x<0$）的惩罚高于对收益偏差情形（$x>0$）；而 PPS 凸函数则完全相反。精算师在负债定价的对冲决策上对于两种收益与损失偏差情形的惩罚“效用”差异，体现了其对于损失偏差与收益偏差的态度。在定义了三类不同的凸函数之后，我们提出与之对应的凸对冲器类别：PNS 凸对冲器、PPS 凸对冲器和对称凸对冲器。

定义 4.5（PNS，PPS 和对称凸器）：三类凸对冲器的定义如下：

（1）PNS 凸对冲器是基于逐点负偏凸函数（PNS）的凸对冲器；

（2）PPS 凸对冲器是基于逐点正偏凸函数（PPS）的凸对冲器；

（3）对称凸对冲器是基于对称凸函数的凸对冲器。

在分析凸函数的损失偏差厌恶和收益偏差厌恶之前，首先关注凸函数的$\mathbb{P}$-对称性性质。$\mathbb{P}$-对称性性质指的是对冲器对于可能的资产和负债在对冲决策上是无差异对待的。具体体现在，$\mathbb{P}$-对称性的对冲器对负债 S 和具有完全相反现金流“负债” $-S$ 采用对称的对冲组合。

定义 4.6：对冲器 θ 具有$\mathbb{P}$-对称性，如果其满足：

$$\theta_S=-\theta_{-S}\text{，对于任意的 } S\in C \text{ 和具有相反现金流的 } -S$$

通常当 S 为负债时，具有相反现金流的 $-S$ 应该视为资产或者收益。$\mathbb{P}$-对称性指的是对冲器并不会因为对冲对象是资产或者是负债的属性而区别对待。由于对称凸函数的对称性，对称凸函数具有$\mathbb{P}$-对称性，在对冲决策时并不区分现金流是收益还是支出。

性质 4.2：对称凸对冲器 θ^u 满足$\mathbb{P}$-对称性。

证明：对于任意的负债 $S\in C$，有：

$$\begin{aligned}\theta_S^u&=\arg\min_{\mu\in\Theta}\mathbb{E}^{\mathbb{P}}[u(S-\mu\cdot Y)]\\&=\arg\min_{\mu\in\Theta}\mathbb{E}^{\mathbb{P}}[u(-S-(-\mu)\cdot Y)]\\&=-\arg\min_{\mu\in\Theta}\mathbb{E}^{\mathbb{P}}[u(-S-\mu\cdot Y)]=-\theta_{-S}^u\end{aligned}$$

因此，可证明 $\theta_S^u\cdot y+\theta_{-S}^u\cdot y=0$，对冲器 θ_S^u 和定价 $\rho^u[S]=\theta_S^u\cdot y$ 是对称的。

在直观上，基于最小化对冲策略的残留误差目标函数的 PNS 凸函数具有“损失厌恶”的特点，表现出了对损失偏差情形的厌恶。PPS 凸函数则表现出“收益厌恶”，对于收益偏差情形具有更高厌恶。不同的保险负债定价在对冲时会对损失偏差和收益偏差具有不同的的厌恶，这种差异即体现在这两类对冲器不满足$\mathbb{P}$－对称性，也使得对应的负债评估方法具有不同的精算保守性程度。

为了进一步研究损失偏差厌恶对负债对冲和定价结果的影响，本节基于对称对冲器提出了损失厌恶凸对冲器（loss averse convex hedger，LACH）。LACH 对冲器是一类特别的 PNS 凸对冲器，其形式相似于 Newey et al.（1987）和 Efron（1991）提出的非对称最小均方误差（asymmetric least squares，ALS），具体形式见定义 4.7。

定义 4.7：损失厌恶凸对冲器（loss averse convex hedger，LACH）损失厌恶凸对冲器是满足如下条件的 PNS 凸对冲器，其对应的凸函数为：

$$u(x)=\begin{cases}(1-w)\cdot g(x),\ x\geqslant 0\\ w\cdot g(x),\ x<0\end{cases}\tag{4-13}$$

其中，$w\in\left(\frac{1}{2},\ 1\right]$，$g(x)$ 是非负的对称凸函数对于任意的 $x\geqslant 0$ 满足 $g(x)=g(-x)$ 且使得 $u(x)$ 是凸函数。

在具体对冲决策中，目标函数对于边际损失和边际收益的敏感性通过 $u'(x)$ 来度量。指数 w 能够方便地刻画出目标函数在对冲决策时对于可能的损失偏差与收益偏差的差异态度：

（1）当 $w\in\left[0,\ \frac{1}{2}\right)$时，凸函数 $u(x)$ 对收益偏差的“惩罚”高于损失偏差；

（2）当 $w\in\left(\frac{1}{2},\ 1\right]$时，凸函数 $u(x)$ 对损失偏差的“惩罚”高于收益偏差；

（3）当 $w=\frac{1}{2}$时，凸函数 $u(x)$ 无差异地对待收益和损失偏差，是对称函数。其实，当限定指数取值区间 $w\in\left[0,\ \frac{1}{2}\right)$时，可以定义类似的收益厌恶对冲器。但是本节只研究具有损失厌恶的对冲技术与负债评估。接下来，我们研究损失厌恶凸对冲器（LACH）的性质与具体实现。

为了度量对冲定价技术对于边际损失与收益的效用差异，本章定义损失厌恶系数为 $\lambda=\frac{w}{1-w}$。该比例表征了相同边际损失与收益带来的边际效用变化的比值。由于损失厌恶凸对冲器（LACH）的指数 $w\in\left(\frac{1}{2},\ 1\right]$，其损失厌恶系数 λ 大于1，表明定价技术对于损失偏差更敏感。

基于性质4.2可以证明，形如式（4－13）的凸对冲器，在指数范围 $w\in[0,\ 1]$ 内具有如下性质：$\theta_S^u=-\theta_{-S}^u$当且仅当 $w=\frac{1}{2}$。这也说明了，无论是PNS还是PPS凸对冲器都不是对于收益偏差和损失偏差无差别对待的。

性质4.3：满足式（4－13）定义的凸对冲器满足$\mathbb{P}$－对称性当且仅当 $w=\frac{1}{2}$。

证明：首先定义以下的步骤函数（step function）：

$$W(x)=\begin{cases}1-w, & x\geqslant 0\\ w, & x<0\end{cases}$$

则 $u(x)=W(x)\cdot g(x)$，且：

$$\frac{du(x)}{dx}=W(x)\cdot\frac{dg(x)}{dx}$$

对于任意的 $S\in C$，定义 $x=\mu\cdot Y-S$，式$\mathbb{E}^{\mathbb{P}}[u(S-\mu\cdot Y)]$ 的一阶导数条件为：

$$\mathbb{E}^{\mathbb{P}}\left[W(x)\cdot\frac{dg(x)}{dx}Y^{(i)}\right]=0,\ 对于\ i=1,\ 2,\ \cdots,\ m \tag{4-14}$$

对于特殊的函数 $g(x)=x^2$，条件（4－14）为：

$$\mathbb{E}^{\mathbb{P}}[W(\mu)\cdot(S-\mu\cdot Y)Y^{(i)}]=0,\ 对于\ i=1,\ 2,\ \cdots,\ m \tag{4-15}$$

（1）当 $w=\frac{1}{2}$，凸函数 $u(x)$ 满足：

$$u(-x)+u(x)=0$$

对于任意的 $x\geqslant 0$。根据对称性条件，凸对冲器对于任意的负债 S 是对称的：

$$\theta_S^u=-\theta_{-S}^u$$

（2）如果凸对冲器是对称的，

$$\theta_S^u\cdot y+\theta_{-S}^u\cdot y=0$$

那么保险负债 S 和 $-S$ 的一阶导数满足：

$$\mathbb{E}^{\mathbb{P}}[W(\mu)\cdot(S-\mu\cdot Y)Y^{(i)}]=0 \tag{4-16}$$

且：

$$\mathbb{E}^{\mathbb{P}}[W(-\mu)\cdot(S-\mu\cdot Y)Y^{(i)}]=0,\ 对于\ i=1,\ 2,\ \cdots,\ m \tag{4-17}$$

对于任意的负债 S，满足式（4－16）的对冲 μ 也是满足式（4－17）的解。因此，$W(x)$ 是偶函数且 $w=\frac{1}{2}$。

式（4－13）中的对称函数 $g(x)$ 可以是指数函数形式 $g(x)=|x|^p$，$p>1$，此时函数为：

$$u(x)=\begin{cases}(1-w)\cdot|x|^p,\ x\geqslant 0\\ w\cdot|x|p,\ x<0\end{cases} \tag{4-18}$$

特别地，当凸对冲器是基于对称凸函数 $g(x)=x^2$ 时，该凸对冲器就是均值—方差对冲器。

当 $p=1$ 时函数 $u(x)$ 不再是严格的凸函数。接下来，本节证明 Solvency Ⅱ 和偿二代要求的资本成本法的风险边际计算可以被表示为当 $p=1$ 时的形式。Solvency Ⅱ 和偿二代要求寿险负债评估等于其最优估计加上风险边际，风险边际可以由资本成本法计算，计算公式为：

$$\rho[S]=\theta_S\cdot y+i\cdot VaR(S-\theta_S\cdot y) \tag{4-19}$$

Solvency Ⅱ 和偿二代监管采用的资本成本法风险边际可以表示为 $i\cdot VaR(S-\theta_S\cdot y)$，是置信水平为 $p=99.5\%$ 的在险价值 VaR_p 乘上资本成本

利率 i。接下来，我们将证明监管要求的负债评估的风险边际部分等价于形如式（4－18）的 $p=1$ 的凸对冲器的对冲结果。

性质 4.4：对于任意的负债 $S\in C$，$VaR_w(S)$ 等价于基于如下 PNS 对冲器的对冲：

$$\beta=\arg\min_{\alpha<\infty}\mathbb{E}^{\mathbb{P}}[u(a-S)] \tag{4-20}$$

其中：

$$u(x)=\begin{cases}(1-w)\cdot|x|, & x\geqslant 0\\ w\cdot|x|, & x<0\end{cases},\ w\in\left(\frac{1}{2},1\right]$$

证明：根据一阶求导条件，该对冲器下的最优对冲符合：

$$\begin{aligned}0&=\mathbb{E}^{\mathbb{P}}[(1-w)\cdot\Pr(\beta\geqslant S)-w\cdot\Pr(\beta<S)]\\&=\mathbb{E}^{\mathbb{P}}[\Pr(\beta\geqslant S)]-w\end{aligned}$$

因此，$w=\mathbb{E}^{\mathbb{P}}[\Pr(\theta_S^u\geqslant S)]$ 且 $\theta_S^u=VaR_w(S)$。

该结果表明，监管对于市场一致性定价的风险边际方法在本质上是较为保守的对冲器或定价，但是对冲组合是投资于现金资产。偿二代的风险边际等价于资本成本利率 i 乘以剩余风险的 p 分位数。该性质提供了一个新的视角，保险负债的市场一致性定价，$\theta_S\cdot y+i\cdot VaR_p(S-\theta_S\cdot y)$，可以被视为最优对冲组合价格和特殊“PNS 对冲器”的现金对冲的风险边际之和。

式（4－20）中 $p=1$ 的 PNS 对冲器是被 Solvency Ⅱ和偿二代所采用适用于剩余风险定价的一种形式。事实上，对剩余风险的度量还可以采用许多其他的具有不同保守性程度的风险度量。例如，瑞士的偿付能力测试监管要求的风险测度是安全水平为 99% 的 $TVaR$。再比如，另外一种风险测度是形如式（4－18）中 $p=2$ 的 PNS 凸对冲器，该形式兼具了均值—方差和风险厌恶的特征。下一节将具体介绍和研究这种特殊的非对称均值—方差对冲器：损失厌恶均值—方差对冲器。

4.4.3　损失厌恶均值—方差对冲器

均值—方差对冲技术（MV hedging）是基于最小均方误差原则通过投

资组合来模拟一个负债给付的对冲方法。均值—方差对冲技术由于其简单性和优良的性质从而被广泛地应用于组合复制领域（Dahl et al.，2006；Thomson，2005）。均值—方差对冲技术的最小化目标函数是对称的二次函数，并不区分损失偏差与收益偏差情形。本节基于均值—方差对冲提出一种对损失偏差更为敏感的非对称对冲器。

定义4.8（损失厌恶均值—方差对冲器（loss averse mean - variance hedger，LAMV hedger））：对于任何的负债 $S \in C$，基于损失厌恶均值—方差对冲器的对冲为：

$$\theta_S^{LAMV} = \arg\min_{\mu \in \Theta} \mathbb{E}^{\mathbb{P}}[u(\mu \cdot Y - S)]$$

其中：

$$u(x) = \begin{cases} (1-w) \cdot x^2, & x \geqslant 0 \\ w \cdot x^2, & x < 0 \end{cases}, \quad w > \frac{1}{2} \text{且} x = \mu \cdot Y - S$$

均值—方差对冲具有对冲结果的显式代数解表达式和诸多良好的性质，但是损失厌恶均值—方差对冲器（LAMV对冲器）并没有显式代数解，非对称最小二乘回归的文献对于这类非对称的最小方差求解一般采用近似法（Newey et al.，1987；Wang et al.，2011；Yao et al.，1996）。

首先分析风险厌恶系数 w 对对冲组合的影响。

性质4.5：对于任意的 $S \in C$，基于损失厌恶均值—方差对冲器的对冲 θ_S^{LAMV} 满足：

$$w = \frac{\mathbb{E}^{\mathbb{P}}[|\theta_{t,S}^{LAMV} \cdot Y - S| \cdot I_{\theta_S^{LAMV} \cdot Y \geqslant S}]}{\mathbb{E}^{\mathbb{P}}[|\theta_{t,S}^{LAMV} \cdot Y - S|]} \tag{4-21}$$

证明：根据一阶条件，对于任意的负债 $S \in C$，损失厌恶均值—方差对冲器 θ_S^{LAMV} 满足：

$$\mathbb{E}^{\mathbb{P}}\{[(1-w)(\theta_S^{LAMV} \cdot Y - S) \cdot I_{\theta_S^{LAMV} \cdot Y \geqslant S} - w(\theta_S^{LAMV} \cdot Y - S) \cdot I_{\theta_S^{LAMV} \cdot Y < S}]Y^{(i)}\} = 0$$

其中，$i = 0, 1, \cdots, n$，且 $I_{\{x\}}$ 是示性函数。因此，对于无风险资产可得：

$$\mathbb{E}^{\mathbb{P}}[|\theta_S^{LAMV} \cdot Y - S| \cdot I_{\theta_S^{LAMV} \cdot Y \geqslant S}] - w\,\mathbb{E}^{\mathbb{P}}[|\theta_S^{LAMV} \cdot Y - S|] = 0$$

和

$$w=\frac{\mathbb{E}^{\mathbb{P}}\left[\left|\theta_{t,S}^{LAMV}\cdot Y-S\right|\cdot I_{\theta_S^{LAMV}}\cdot Y\geqslant S\right]}{\mathbb{E}^{\mathbb{P}}\left[\left|\theta_{t,S}^{LAMV}\cdot Y-S\right|\right]}$$

我们对损失厌恶均值—方差对冲器下偏差的绝对值来源进行分解，偏差指的是到期时刻评估价格对应的投资组合与真实负债给付之间的差额。偏差的绝对值 $E^{\mathbb{P}}[\theta_{t,S}^{LAMV}\cdot Y-S|]$ 的组成为：

$$E^{\mathbb{P}}\left[\left|\theta_{t,S}^{LAMV}\cdot Y-S\right|\cdot I_{\theta_S^{LAMV}\cdot Y\geqslant S}\right]+E^{\mathbb{P}}\left[\left|\theta_{t,S}^{LAMV}\cdot Y-S\right|\cdot I_{\theta_S^{LAMV}\cdot Y<S}\right]$$

可知对冲组合的偏差绝对值的期望等于两个部分之和：超额复制（super - replicate，对应收益偏差情形）情形下的偏差与少额复制（sub - replicate，对应损失偏差情形）情形下的偏差。可以发现，损失厌恶均值—方差对冲器的风险厌恶系数 w 的含义是：偏差绝对值的期望中共有 $100w\%$ 的偏差是来自超额复制的偏差，也即满足 $\theta_S^{LAMV}\cdot Y\geqslant S$ 的收益偏差情形。对于均值—方差对冲 $w=\frac{1}{2}$，其偏差绝对值的期望中来自超额复制和少额复制情形分别占一半。因此，性质 4.5 从偏差绝对值期望值的分解角度说明了损失厌恶均值—方差对冲器相比于均值—方差对冲器是更保守的，要求更多偏差来自超额复制，更少偏差来自少额复制。

均值—方差对冲器的一个重要的性质是 P - 期望性质（P - Expectation property）：$\theta_S^{MV}\cdot E^{\mathbb{P}}[Y]=E^{\mathbb{P}}[S]$。该性质说明，在物理 P 测度下均值—方差对冲组合的期末期望价格等于负债给付的赔付额。类似地，可以发现在物理 P 测度下损失厌恶均值—方差对冲器的对冲成本高于均值—方差对冲器，也即在物理测度 P 下的负债给付的赔付额。

性质 4.6：对于任意的负债 $S\in C$，在物理测度 P 下非对称的均值—方差对冲器 θ_S^u 的对冲组合的成本期望满足：

（1）如果 $w\in\left(\frac{1}{2},\ 1\right]$，

$$\theta_S^{u-MV}\cdot\mathbb{E}^{\mathbb{P}}[Y]>\mathbb{E}^{\mathbb{P}}[S]$$

（2）如果 $w\in\left[0,\ \frac{1}{2}\right)$，

$$\theta_S^{u-MV}\cdot\mathbb{E}^{\mathbb{P}}[Y]<\mathbb{E}^{\mathbb{P}}[S]$$

（3）如果 $w=\frac{1}{2}$，

$$\theta_S^{u-MV}\cdot\mathbb{E}^{\mathbb{P}}[Y]=\mathbb{E}^{\mathbb{P}}[S]$$

证明：（1）根据式（4-15），求解最优对冲 θ_S^{u-MV} 的一阶条件为：

$$\mathbb{E}^{\mathbb{P}}[W(\mu)\cdot(S-\mu\cdot Y)Y^{(i)}]=0,\ i=1,\ 2,\ \cdots,\ m$$

对于资产 $Y^{(0)}$ 有：

$$\mathbb{E}^{\mathbb{P}}[2wx\mid x<0]\cdot\Pr(x<0)+\mathbb{E}^{\mathbb{P}}[2(1-w)x\mid x>0]\cdot\Pr(x>0)=0 \tag{4-22}$$

由于 $w>\frac{1}{2}$，则式（4-22）为：

$$\mathbb{E}^{\mathbb{P}}[2wx\mid x<0]\cdot\Pr(x<0)+\mathbb{E}^{\mathbb{P}}[2(1-w)x\mid x>0]\cdot\Pr(x>0)<2\,\mathbb{E}^{\mathbb{P}}[x]$$

可得 $\mathbb{E}^{\mathbb{P}}[x]>0$，其中，$x=\mu\cdot Y-S$。因此，我们证明了对于 $w>\frac{1}{2}$ 有：

$$\theta_S^{u-MV}\cdot\mathbb{E}^{\mathbb{P}}[Y]>\mathbb{E}^{\mathbb{P}}[S]$$

类似地，对于（2）和（3）的证明可以根据同理依据式（4-22）得证。

事实上，均值—方差对冲器可以视为非对称均值—方差对冲器 θ_S^{u} 的 $w=\frac{1}{2}$ 的一种特殊情形，该情形也是唯一使得 P-期望性质 $\mathbb{E}^{\mathbb{P}}[S]=\theta_S^{MV}\cdot\mathbb{E}^{\mathbb{P}}[Y]$ 成立的情形。损失厌恶均值—方差对冲器是对应 $w>\frac{1}{2}$ 的情形，在 P 测度下比均值—方差对冲器 θ_S^{MV} 更保守①。此外，容易证明可加性对于一般的损失厌恶均值—方差对冲器并不成立，在通常情形下：

$$\theta_{S_1+S_2}^{LAMV}\neq\theta_{S_1}^{LAMV}+\theta_{S_2}^{LAMV}$$

但是该性质对于均值—方差对冲器是成立的。另外，均值—方差对冲器的正齐次性质对于损失厌恶均值—方差对冲器是成立的：

---

① 上一节证明对冲的保守性度量是基于价格，所以是基于 Q 测度的，所以在这里我们强调的是 P 测度下的“相对保守”。

$$\theta_{aS}^{LAMV}=a\theta_{S}^{LAMV}$$

毋庸置疑，损失厌恶均值—方差对冲定价与考虑风险边际的基于均值—方差对冲定价（MVHB valuation）都要比均值—方差对冲定价（MV valuation）更加保守。可见，有两种让均值—方差对冲定价变得更加保守的方式：一是对均值—方差对冲后的剩余风险计算风险边际；二是在均值—方差对冲时区别对待损失与收益偏差，并对损失情形更加敏感，这两种方式都能让均值—方差对冲定价更具有精算保守性。以下的例子说明损失厌恶均值—方差对冲定价对于特殊乘积型负债的定价可以被视为均值—方差对冲定价部分和附加的风险边际之和。

例 4－3（LAMV 定价的 MVHB 定价形式表达）：

考虑一个乘积型负债，其给付为：

$$S=I\cdot Y$$

其中，I 是与股票市场独立的（正交的）指数，Y 是在市场上交易的股票指数，当前价格为 y。在期末，两个指数 I 和 Y 的价格分别为：

$$I=\begin{cases}0, & w.p.\dfrac{1}{2}\\ 1, & w.p.\dfrac{1}{2}\end{cases},\quad Y=\begin{cases}1, & w.p.\dfrac{1}{2}\\ 2, & w.p.\dfrac{1}{2}\end{cases}$$

由于均值—方差对冲定价具有 P－期望，因此，$\rho^{MV}[S]=\theta_{S}^{MV}\cdot y=\frac{1}{2}\cdot y$。对于损失厌恶均值—方差对冲定价，对冲器 θ_{S}^{LAMV} 基于如下求解：

$$\theta_{S}^{LAMV}=\arg\min_{\mu\in\Theta}\mathbb{E}^{\mathbb{P}}[u(\mu\cdot Y-S)]$$

其解为：

$$\theta_{S}^{LAMV}=w>\frac{1}{2}$$

因此，损失厌恶均值—方差对冲定价 $\rho^{LAMV}[S]$ 可以被看作是特殊的均值—方差对冲定价：

$$\begin{aligned}\rho^{LAMV}[S]&=\mathbb{E}^{\mathbb{P}}[I]\cdot y+\tilde{\pi}[S-\theta_{S}^{MV}\cdot Y]\\&=\mathbb{E}^{\mathbb{P}}[I]\cdot y+\left(w-\frac{1}{2}\right)\cdot y\end{aligned}$$

因此，

$$\rho^{u-MV}[S] > \rho^{MV}[S]\text{，对于任意的 } w > \frac{1}{2} \tag{4-23}$$

所以，对于乘积类负债 $S = I \cdot Y$，损失厌恶均值—方差对冲定价等价于如下的均值—方差对冲定价：

$$\rho^{LAMV}[S] = \theta_S^{MV} \cdot y + \tilde{\pi}[S - \theta_S^{MV} \cdot Y]$$

其中，$\tilde{\pi}[S - \theta_S^{MV} \cdot Y]$ 可以被视为是剩余风险的风险边际；但值得注意的是，该风险边际定价不是精算性的，因为其有赖于金融市场信息。

这个乘积型负债给付的特殊例子说明了，损失厌恶均值—方差对冲定价 ρ^{LAMV} 是比均值方差对冲定价 ρ^{MV} 更加保守的。然而，在绝大多数更为现实的情形中，如存活指数 I 等保险风险是与金融风险相关的，而非完全独立的。在一般情形下，比较损失厌恶均值—方差对冲定价 ρ^{LAMV} 和均值方差对冲定价 ρ^{MV} 有赖于对精算风险与金融风险之间的相关性。

接下来，下一节通过数值模拟方法对比损失厌恶均值—方差对冲定价 ρ^{LAMV} 和均值方差对冲定价 ρ^{MV} 在证券连结寿险产品定价上的差别。

4.4.4　数值模拟

本节通过数值模拟对比风险边际附加与对冲损失厌恶两种实现定价保守性的方法。前文已经具体介绍了均值—方差对冲器的这两类衍生定价都比其更加保守。在比较这两种定价方法的保守性程度之前，首先明确其符号表示：

- 损失厌恶均值—方差对冲定价（*LAMV* 定价）。*LAMV* 定价是对保险负债 S 基于损失厌恶均值—方差对冲器的定价：$\rho^{LAMV}[S] = \theta_S^{LAMV} \cdot y$。
- 均值—方差对冲定价（*MVHB* 定价）。*MVHB* 定价是在均值—方差对冲组合价格上附加资本成本边际的定价：$\rho_{Coc}^{MVHB}[S] = \theta_S^{MV} \cdot y + \pi_{Coc}(S - \theta_S^{MV} \cdot y)$，其中，$\pi_i(S) = i \cdot SCR(S)$，$SCR(S) = VaR_p(S)$ 是分布的 p-分位数。

假设金融市场上有两个可交易的金融资产：一个是无风险资产 $Y^{(0)}$，另

一个是股票 $Y^{(1)}$，所以 $y=(Y^{(0)}(0),\ Y^{(1)}(0))$ 且 $Y=(Y^{(0)}(1),\ Y^{(1)}(1))$。本节考虑如下的具有最低收益保证的证券连结型保险负债：保单对于存活至时刻 T 的被保险人提供存活收益给付，给付金额取决于时刻 T 时股票价格和最低保证金额 K 之间的较大者。该负债给付的具体形式可以表示为：

$$S=I_{(T_x>T)}\times\max(Y^{(1)}(T),\ K) \tag{4-24}$$

其中，$I_{(T_x>T)}$ 是示性函数，$Y^{(1)}(t)$ 是风险资产的价格过程，K 是固定的保证水平。为了计算和模拟，假设股票价格服从经典的 Black - Scholes 模型，其随机微分过程服从几何布朗运动：

$$dY^{(1)}(t)=Y^{(1)}(t)(\mu dt+\sigma dZ_1(t)) \tag{4-25}$$

其中，μ，$\sigma>0$。

死亡率过程 $P(t)$ 代表了保单持有人群体存活至年龄 x 的概率。本节还考虑了死亡率和金融风险之间的相关性①。死亡率强度（mortality intensity）被假设是动态的过程，并在$\mathbb{P}$测度下服从如下过程：

$$d\lambda_x(t)=c\lambda_x(t)dt+\xi dZ_2(t) \tag{4-26}$$

其中，c，$\xi>0$，$Z_2(t)$ 是标准的布朗运动，与 $Z_1(t)$ 相关，且有 $dZ_1(t)dZ_2(t)=\rho dt$。基于死亡率强度，生存函数可以被定义为：

$$P(t):=\mathbb{P}(T_x>t)=\exp\left(-\int_x^{x+t}\lambda_x(s)ds\right) \tag{4-27}$$

其中，T_x是在时刻 0 年龄为 x 的保单所有人的剩余寿命（remaining lifetime）。假设被保险人的群体是充分大的，能够保证 $E[I_{(T_x>T)}]=P(T)$，接下来我们通过不同的方法对该负债 S 的保费计算进行数值模拟计算。

基于生存函数 $P(t)$ 和股票价格 $Y^{(1)}(t)$ 的过程，我们可以对影响该过程的风险因子进行 n 种情形的模拟。本节利用随机模拟生成了生存函数 $P(t)$ 和股票价格 $Y^{(1)}(t)$ 的 100000 可能情形。随机模拟中采用的参数具体为：$r=0.02$，$\mu=0.07$，$\sigma=0.3$，$K=1$ 并且 $Y^{(1)}(0)=1$，$Y^{(1)}(0)=e^{rT}$。关于死亡率参数的设置，我们参考了 Luciano et al.（2017）所考虑的英国

① 死亡率和金融风险之间的相关性假设已经被广泛地被相关文献发现，例如见 Boonen et al.（2017）。

55 岁男性的情形，具体参数为 $\lambda_x(0) = 0.0087$，$c = 0.0750$，$\xi = 0.000597$。

图 4 - 2 展示了 LAMV 定价法对该负债 S 的定价随着指数 w 的变化。可以发现，负债 S 的 LAMV 价格是指数 w 的增函数。这一符合直观感知的结果表明了定价的保守性是需要成本的，具有高 w 的定价是更昂贵的。

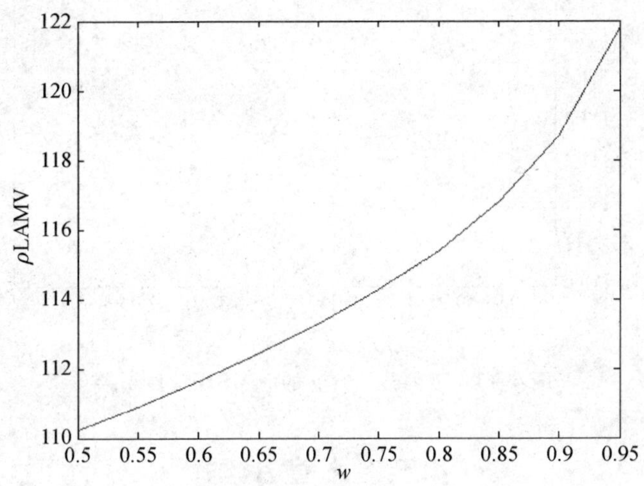

图 4 - 2　不同损失厌恶系数 w 的 LAMV 定价结果

类似地，图 4 - 3 是 MVHB 定价 $\rho_{Coc}^{MVHB}[S]$ 随着风险边际的分位数 p 要求的变化结果，MVHB 定价是分位数 p 的增函数。LAMV 定价法和 MVHB 定价的数值模拟结果都与前面章节中的理论分析结果相符，表明风险边际和对冲技术的风险厌恶都会使得保险负债的定价成本增加。

保险公司进行负债评估和定价时，选取合适的保守性程度受到了多重因素的影响，包括监管环境、市场竞争程度等。该数值模拟的例子说明了无论是风险导向监管要求的风险边际附加法，还是本章提出的损失厌恶对冲定价法，都是将基础对冲定价法变得更加保守的两种实现方式。本章提出的损失厌恶均值—方差对冲定价（LAMV 定价）为市场一致性保险负债评估的保守性实现在风险边际附加法之外提供了另一种方法。同时，由于该方法不依赖于具体的风险边际形式选择，仅依赖于对损失偏差与收益偏差的态度差异，并且是凸对冲定价的形式，具有诸多良好的性质和直观的理解。

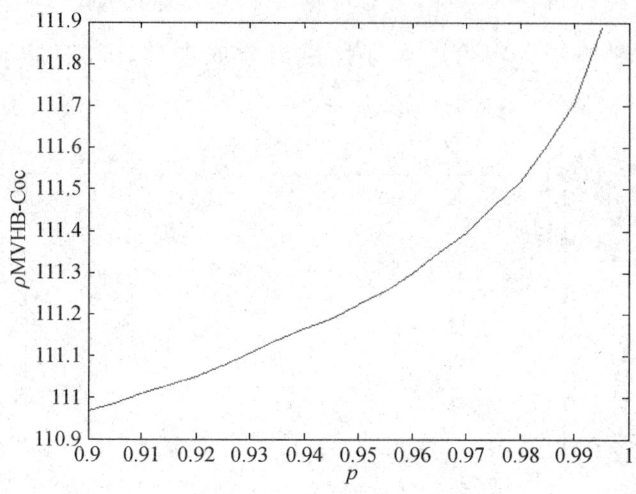

图 4－3　不同分位数 p 的 MVHB 定价结果

4.5　本章小结

保险公司采用的负债评估方法的精算保守性或稳健性是其中一个重要特征方面，也是偿二代二期工程的关注重点之一。负债评估方法的精算保守性或稳健性指的是负债评估方法为避免损失的保守倾向程度，受到诸多因素的共同影响，不同的保险负债评估与定价方法具体有不同的保守性与稳健性程度。在市场一致性保险负债评估方法中，对冲技术对于市场一致性保险负债评估方法的实现具有重要的作用。

本章的主要贡献在于提出了市场一致性负债评估方法的精算保守性度量。本章基于残余风险提出量化市场一致性定价保守程度的风险测度，发现精算保守性程度可以被反映在对残余风险的损失与收益偏差情形的态度中。本章的另一个贡献在于研究了市场一致性定价的保守性程度与对冲技术选择的关系，并提出了损失厌恶凸对冲技术。保险负债评估与定价时的损失厌恶会很大程度地影响对冲技术与结果的保守性程度，我们基于对冲的损失厌恶态度提出和研究了损失厌恶凸对冲定价。损失厌恶凸对冲技术可以实现不同保守性程度的市场一致性负债评估。理论性质分析与数值模拟结果均证明了损失厌恶程度会提高定价的成本和保守性程度，损失厌恶凸对冲技术是实现不同保守性程度的可行实现方式。

第 5 章　保险负债公允动态评估：基于凸动态对冲

5.1　本章引言

现代风险导向型的保险业监管，如欧盟 Solvency Ⅱ和瑞士偿付能力测试，都要求保险业采用市场一致性保险负债评估方法来“暴露”和评估保险负债中的市场风险，利用市场信息进行定价。市场风险的一个重要特点在于其动态性，即市场风险会随着时间波动。通常，保险公司实际承保的保险负债是具有一定期限的，而且保险公司需要在保险间期动态地调整负债评估。所以，保险负债评估方法在时间维度上的一致性也是重要的性质。

本书第 3 章在单期模型中提出了兼具市场一致性与精算性性质的负债评估方法：公允定价法。本章将单期模型拓展到多期模型，将负债评估方法对应地拓展成为动态评估方法。本章在多期模型中提出并研究基于市场一致性的保险负债公允动态评估方法，并研究其具体实现方式。

5.1.1　问题的现实来源

许多证券连结型寿险产品的保险间期在一年以上，例如，保监会规定变额年金产品的保险间期不得低于 7 年。保险公司需要在发行时刻进行纯保费计算以及在准备金评估日进行准备金评估。因此，我们将在保险间期内动态地对负债进行定价和评估方法称为动态评估方法，或动态定价方法。

根据前文已知，不同时刻的负债评估或定价，在数学本质上是从保险负债到实数的映射。在多期模型中，在给定的评估时刻 $t=\{0, 1, \cdots, T\}$，对 T 时刻到期的负债给付的评估映射被称为 t – 定价[①]。我们将时间序列上的一系列 t – 定价，$t=\{0, 1, \cdots, T\}$，称为动态定价[②]。即不同时刻可以采用不同的负债给付评估方法。在多期模型中，一个重要的问题是：不同时刻的负债评估和定价方法如何在时间序列维度上互相联系，并且具有时间维度上的可比较性（见图 5 – 1）。

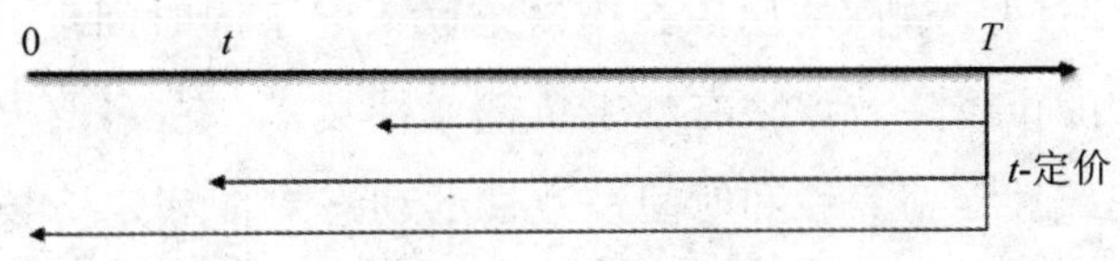

图 5 – 1　保险负债 t – 定价示意

时间维度的可比较性指的是对于保险负债在不同时刻的 t – 定价价格之间的相互可比较性。例如，对于两个不同的 T 时刻到期的保险负债 S_1 与 S_2，假设保险公司在任意时刻 $t=\{0, 1, \cdots, T\}$ 均采用均值—方差对冲定价方式进行评估。如果在某个 $t+1$ 时刻时，保险负债 S_1 的评估价格确定要高于 S_2，也即 S_1 相比于 S_2 是更大的风险来源，那么，保险公司是否可以认为该结论在 t 时刻也同样成立？事实上，该结论在对于一般的动态评估方法下是不成立的。原因在于，即使保险公司在保险间期一直采用了均值—方差对冲方法和风险边际评估方法，但是由于不同负债的均值—方差对冲组合价格占总评估价格的比例不同，且随着市场价格变化，这使得不同时间的评估价格相对大小结论并不具有一致性。

以上例子中时间维度上的可比性又被称为时间一致性，是定价方法在时间序列上的重要性质。近年来，有不少文献讨论了定价方法的时间一致

① 关于 t – 定价以及类似的 t – 对冲器的具体数学定义具体见本章后文。

② 关于动态定价的具体数学定义同样具体见本章后文。

性，包括 Cheridito et al.（2011），Acciaio et al.（2011），Föllmer et al.（2011）和 Acciaio et al.（2011）。相关文献对于时间一致性提出了多种定义，不同的定义之间通常是等价的。例如，一个常见的弱时间一致性定义为：如果一个保险负债 S_1 在时刻 $t+1$ 的评估价格确定低于（确定优于）另一个保险负债 S_2，那么该结论在时刻 t 时也成立（Kriele et al.，2014；Roorda et al.，2005）。所以，时间一致性保证了不同时间点上对于保险负债的评估方法是一致的，以及相对大小结论在时间序列上的一致性。

时间一致性是多期模型中动态定价的一个重要性质。静态定价方法之所以不能保证时间一致性的原因在于缺乏联系起不同时间点 t 时的定价机制。保险负债的市场一致评估有赖于负债对冲技术，在多期模型中实现同时具有市场一致性、精算性和时间一致性的动态对冲和定价技术是复杂的技术问题，也是本章期望从理论上解决的问题。

5.1.2 本章的学术贡献

第3章在单期模型中提出和研究了兼备市场一致性和精算性性质特征的公允定价方法，并给出了具体的实现方式。显然，在多期模型中，合适的动态定价除了满足市场一致性和精算性外，还需要考虑在时间维度上的其他性质。本章提出了多期模型下的公允动态定价，同时满足了精算性、市场一致性和时间一致性性质。

首先，本章在理论上给出了公允动态定价方法的等价性质。保险负债的公允评估和市场一致评估有赖于负债对冲技术，在多期模型中实现保险负债的公允定价同样离不开动态对冲技术。公允动态定价方法的时间一致性的实现依赖于时间维度上的递归迭代。特别地，我们在多期模型中提出和研究了凸对冲定价技术，并证明了凸对冲动态定价与公允动态定价的等价性。凸对冲技术的实现是基于使得保险负债和对冲组合在期末时尽可能地“相互接近”以使得二者的偏差在凸函数 u 下的期望值最小。凸动态对冲技术在多期模型中将对冲技术选择问题转化成为了凸函数选择问题。

其次，本章在理论上给出了公允动态定价的具体实现方法，提出动态对冲技术与对冲器，并且给出实现公允动态定价的具体方法。具体地，本章将第 4 章中提出的损失厌恶凸对冲技术拓展到了多期模型中。损失厌恶凸动态对冲技术对损失偏差的厌恶是实现较为稳健的保险负债动态评估和定价的一种方式。此外，本章还在多期模型框架下结合具体例子演示基于损失厌恶对冲技术实现公允动态定价，并对比不同的损失厌恶动态定价方法。理论与模拟结果均表明本章提出的损失厌恶动态凸对冲和定价方法是合适和稳健的公允动态定价实现方法。

最后，本章研究的公允动态定价的性质并不局限于所使用的场景；既可以用于负债评估与准备金评估和技术性准备金计算，也可以适用于对负债进行定价与保费计算。

5.1.3　本章结构安排

本章的安排如下：5.2 节建立了金融与保险风险的多期模型设定；5.3 节将单期模型中的公允定价技术拓展到了多期模型中，并证明了公允动态定价与对冲器之间的等价性；5.4 节具体基于凸动态对冲技术讨论了公允动态定价的实现，并从理论上证明了等价性；5.5 节将损失厌恶对冲拓展到了动态对冲器，并用于具体的公允动态定价的实现，也进行了数值模拟；最后 5.5 节总结本章内容。

5.2　金融与保险风险的多期模型设定

本节建立金融与保险风险的多期模型设定①。多期模型中的初始时刻记为 0，所有的时间点属于区间集合 $\tau=\{0, 1, \cdots, T\}$。该金融与保险风险模型的概率空间记为（Ω，$\mathcal{G}$，$\mathbb{P}$），其在有限离散时间点下的滤波

---

① 与本节类似的多期模型设定可参见 Barigou et al.（2018）和 Chen et al.（2019）。

(filtration) 为$\mathbb{G}=\{\mathcal{G}_t\}_{t\in\tau}$，则$\mathcal{G}_0$为$\{\emptyset, \Omega\}$且$\mathcal{G}_T=\mathcal{G}$。$\sigma$-代数$\mathcal{G}_t$，$t\in\tau$，代表了在该模型下直至并包含时刻$t$的信息。测度$\mathbb{P}$是在该模型下的物理测度，也即真实物理测度。在本章中，除非特别提及，所有关于随机变量之间的等式关系都是基于真实物理测度$\mathbb{P}$。

多期模型考虑的保险负债包括完全可复制的保险负债、正交的保险负债和复合保险负债。在多期模型中，所有赔付发生在时刻t的负债给付是定义在$(\Omega, \mathbb{G}, \mathcal{G})$上的$\mathcal{G}_t$-可测随机变量，其集合记为$C_t$。在本模型中，除非特别注明，赔付发生在$t$时刻的保险负债被称为$t$-保险负债（$t$-claim），$t\in\{1, 2, \cdots, T\}$。

5.2.1 金融市场与交易策略

在金融与保险风险的多期模型中，我们假设金融市场中共有$n+1$个可交易资产。可交易资产可以对应于真实情形中的股票、债券、公募基金和衍生品等资产类型。我们用符号$Y^{(i)}(t)$表示编号为i的风险资产在时刻$t\in\tau$时的市场价格。进一步地，假设金融市场是充分具有流动性和有效的，任何可交易资产都可以在这个市场上以任意数量和头寸进行买卖，并且交易成本可以被忽略。

可交易资产的价格过程是由$n+1$维的随机过程$Y=\{Y(t)\}_{t\in\tau}$来描述。其中，$Y(t)$，$t\in\tau$，是所有可交易资产在时刻t时的价格向量，即$Y(t)=(Y^{(0)}(t), Y^{(1)}(t), \cdots, Y^{(n)}(t))$。价格过程$Y$是适应于滤波$\mathbb{G}$的[①]，也即：

$$Y(t)\text{ 是}\mathcal{G}_t\text{-可测的，对任意的 }t=0, 1, \cdots, T$$

本章定义时刻-t交易策略（time-t trading strategy），$t\in\{0, \cdots, T-1\}$是一个$n+1$维的基于滤波$\mathbb{G}$的可预测的（predictable）过程$\theta_t=\{\theta_t(u)\}_{u\in\{t+1,\cdots,T\}}$。可预测性要求说明：

$$\theta_t(u)\text{ 是}\mathcal{G}_{u-1}\text{-可测的，对于任意的 }u=t+1, \cdots, T$$

① 在一些情形下，$\mathbb{G}$可以等同于由价格信息过程Y产生的滤波。本章考虑更为一般的情形，也即$\mathbb{G}$仅仅与可交易资产的价格信息是相关的，也包含了多余的信息，例如保险风险信息或者特定人群的生存指数信息。

时刻 $-t$ 交易策略 θ_t 是在时刻 t 投资于一个风险资产组合，用于实现组合 $\theta_t(t+1)$。具体地，时刻 $-t$ 交易策略 $\theta_t(u)$ 包括了对所有资产的投资头寸 $\theta_t(u)=(\theta_t^{(0)}(u), \theta_t^{(1)}(u), \cdots, \theta_t^{(n)}(u))$，向量元素 $\theta_t^{(i)}(u)$ 是在时刻 u 投资于编号为 i 的资产的数量，即对应于投资区间（$u-1$，u]。$\mathcal{G}_{u-1}-$可测性的要求使得组合考虑了直到时刻 $u-1$ 时的所有信息，包括了可交易资产的历史价格信息。

交易策略 θ_t 在时刻 t 的初始投资（initial investment）或成本（endowment）可以表示为：

$$\theta_t(t+1)\cdot Y(t) = \sum_{i=0}^{n} \theta_t^{(i)}(t+1)\times Y^{(i)}(t)$$

交易策略 θ_t 在时刻 u 的仓位调整前（before rebalancing）对应的投资组合的价格为：

$$\theta_t(u)\cdot Y(u) = \sum_{i=0}^{n} \theta_t^{(i)}(u)\times Y^{(i)}(u)\text{，对于任意的 } u=t+1, \cdots, T$$

其在时刻 u 的仓位调整后（after rebalancing）所对应的投资组合的价格为：

$$\theta_t(u+1)\cdot Y(u) = \sum_{i=0}^{n} \theta_t^{(i)}(u+1)\times Y^{(i)}(u)\text{，对于任意的 } u=t+1, \cdots, T-1$$

显然，$\theta_t(u)\cdot Y(u)$ 和 $\theta_t(u+1)\cdot Y(u)$ 都是$\mathcal{G}_u-$可测的。

时刻 $-t$ 交易策略 θ_t 被称为是自融资的（self-financing）如果其满足：

$$\theta_t(u)\cdot Y(u)=\theta_t(u+1)\cdot Y(u)\text{，对于任意的 } u=t+1, \cdots, T-1 \tag{5-1}$$

自融资条件说明了在任何调仓时刻 $u=t+1, \cdots, T-1$ 时并不需要额外注入或抽取资本。所有自融资的时刻 $-t$ 交易策略的集合记为 Θ_t。考虑到式（5-1），任何的时刻 $-t$ 自融资策略在时刻 T 的价格 $\theta_t\in\Theta_t$ 可以表示为：

$$\theta_t(T)\cdot Y(T) = \theta_t(t+1)\cdot Y(t) + \sum_{u=t+1}^{T} \theta_t(u)\cdot \Delta Y(u) \tag{5-2}$$

其中，$\Delta Y(u)=Y(u)-Y(u-1)$。在该式中，$\theta_t(u)\cdot\Delta Y(u)$ 是在时

刻 u 时的时刻 $u-1$（调仓后）和 u（调仓前）区间中的投资组合的市场价格变化。

在模型中，我们假设金融市场是无套利的（arbitrage - free），即不存在一个自融资的交易策略 $\theta_0 \in \Theta_0$ 使得：

$$\theta_0(1) \cdot Y(0) = 0,\ \mathbb{P}[\theta_0(T) \cdot Y(T) \geqslant 0] = 1 \text{ 且 } \mathbb{P}[\theta_0(T) \cdot Y(T) > 0] > 0 \tag{5-3}$$

在本章的离散时间模型中，无套利条件等同于存在一个等价鞅测度（equivalent mar - tingale measure，EMM）$\mathbb{Q}$，在其下折现的价格过程 Y 是一个鞅过程：

$$Y(t-1) = \mathbb{E}_{t-1}^{\mathbb{Q}}[e^{-\int_{t-1}^{t} r_s ds} Y(t)],\ \text{对于任意的 } t=1,\ \cdots,\ T \tag{5-4}$$

其中，r_s 为折现率。

考虑一个时刻 t 自融资策略 $\theta_t \in \Theta_t$。根据式（5-4）可知，其在时刻 u 的价格为：

$$\theta(u+1) \cdot Y(u) = \mathbb{E}_u^{\mathbb{Q}}[e^{-\int_u^T r_s ds} \theta_t(T) \cdot Y(T)],\ \text{对于任意的 } u=t,\ \cdots,\ T-1 \tag{5-5}$$

在本章中，假设编号为 0 的资产是在时刻 T 到期且给付为 1 的零息债券。其在时刻 t 的价格记为 $B(t,\ T)$，则有：

$$Y^{(0)}(t) = B(t,T) = \mathbb{E}_t^{\mathbb{Q}}[e^{-\int_t^T r_s ds}],\ \text{对于任意的 } t=0,\ 1,\ \cdots,\ T-1$$

因此，时刻 $-t$ 自融资交易策略的一个简单例子是静态交易策略 β_t，在时刻 t 投资一个单位的无息债券 $B(t,\ T)$，并持有至到期时刻 T。在时刻 u 该策略的价格为：

$$\beta_t(u) \cdot Y(u) = \mathbb{E}_u^{\mathbb{Q}}[e^{-\int_u^T r_s ds}],\ \text{对于任意的 } u=t+1,\ \cdots,\ T$$

5.2.2 保险负债

本章关心到期时刻为 T 的保险负债在离散时间中的负债评估，将其称为 T-保险负债。在多期模型中，到期时刻为 T 的保险负债通常被表示为 $S(T)$，在没有歧义时通常被简化记为 S，其集合记为 C_T。基于保险负债可以被交易策略复制的性质，首先定义两类特殊的保险负债：t－完全可复制 T－保险负债（t－hedgeable T－claims）和 t－正交 T－保险负债（t－orthogonal T－claims），其余的负债则属于复合负债。

值得注意的是，在多期模型中负债的一些性质和分类有赖于具体时间点。本章将采用类似于"t－正交 T－保险负债"的构词结构来定义和描述保险负债和对冲策略等，通常第一个时刻表示评估和定价时刻，后一个时刻为负债的给付时刻。因此，在时刻 t 我们首先可以根据 T－保险负债的现金流可被自融资策略的复制程度分成不同的类型。

图5－2 t时刻保险负债类型示意

定义5.1（t－完全可复制 T－保险负债（t－hedgeable T－claims））： t－完全可复制 T－保险负债 S^h 是集合 C_T 中可以被时刻 $-t$ 自融资策略 $\theta_t \in \Theta_t$ 所复制的负债，满足：

$$S^h = \theta_t(T) \cdot Y(T)$$

其中，$\theta_t(T) \cdot Y(T)$ 是时刻 T 时对冲组合 θ_t 的价格。

我们定义 $\mathcal{H}_T^t$ 是所有 t－完全可复制 T－保险负债的集合。对于任意的 t－完全可复制 T－保险负债，其对应的可以复制 S^h 的时刻 t 交易策略被称为 S^h 的 t－复制对冲（t－replicating hedge）。时刻 t 时 S^h 的价格为：

$$\theta_t(t+1) \cdot Y(t) = \mathbb{E}_t^{\mathbb{Q}}\left[e^{-\int_t^T r_s ds}\theta_t(T) \cdot Y(T)\right]$$

其中，$\mathbb{Q}$是等价鞅测度，并且 θ_t 是 S^h 的 t－复制对冲。值得注意的是，集合 $\mathcal{H}_T^t$ 随着时间 t 而增大。例如，负债给付：

$$S = Y^{(1)}(t)Y^{(2)}(T)$$

是一个特殊的 T－保险负债，其并不属于 $\mathcal{H}_T^s$ 当 $s=0,1,\cdots,t-1$，但是

属于 $S \in \mathcal{H}_T^s$ 当 $s = t, t+1, \cdots, T-1$。

定义 5.2（*t*－正交 *T*－保险负债（t－orthogonal T－claim））：t－正交 T－保险负债是 C_T中的在测度$\mathbb{P}$下与在 $t+1$ 时刻可交易资产价格的随机过程 $Y_{t+1} = \{Y(u)\}_{u \in \{t+1, \cdots, T\}}$ 独立的保险负债，满足：

$$S^{\perp} \perp Y_{t+1}$$

所有的 t－正交 T－保险负债的集合记为 O_T^t。值得注意的是，集合 O_T^t 也是随着时间 t 而增大。例如，一个不属于初始时刻的正交保险负债集合 O_T^0 但是属于正交保险负债集合 O_T^t 的负债例子是：

$$S = \frac{1}{t}\sum_{i=1}^{t} Y^{(1)}(i) 1_{(x)}$$

其中，$1_{(x)}$ 是指示函数，如果对象 x 存活至时刻 T 则取值为 1，反之则为 0。在当对象存活的情形下，该负债的给付编号为 1 的资产在时刻 1 到 t 之间的平均价格。当死亡率与风险资产价格独立时，对于时刻 $u = 0, 1, \cdots, t-1$ 有 $S \notin O_T^u$，但是对于时刻 $u = t, t+1, \cdots, T$ 有 $S \in O_T^u$。

5.3 保险负债的公允动态定价方法

本节提出在多期模型下的公允定价方法和公允对冲技术。在多期模型中，定价概念包括了 t－定价和动态定价，对冲器概念包括了 t－对冲器和动态对冲器，将在本章各小节中具体介绍。

5.3.1 公允 t－定价

第 3 章介绍了单期模型中的定价概念，指的是从期末时刻 T 到期初时刻 0 的映射。在多期模型中，t－定价 ρ_t将任意的 T－保险负债映射到一个 $\mathcal{G}_t$－可测的变量 $\rho_t[S]$，其为 T－保险负债在既有可得信息条件下在时刻 t 下的定价。t－定价的具体定义如下。

定义 5.3（*t*－定价（t－valuation））：t－定价，$t = 0, 1, \cdots, T-1$，是满足如下条件的映射 ρ_t：$C_T \to C_t$，其将任意的 T－保险负债映射到 t－保

险负债：

$$S \to \rho_t[S]$$

使得：

（1）ρ_t是归一化的（normalized）：

$$\rho_t[0]=0$$

（2）ρ_t是现金平移不变的（translation invariant）：

$\rho_t[S+a]=\rho_t[S]+B(t, T)a$，对于任意的 $S\in C_T$和到期时刻为 T 的 $a\in C_t$

对于任意的 T－保险负债，t－定价将其映射到了一个在时刻 t 能够确定取值的随机变量，也即 t－保险负债。因此，t－定价 $\rho_t[S]$ 是一个 t－保险负债，其在初始时刻 0 看来是随机变量；但在时刻 t，$\rho_t[S]$ 的取值则是确定的（见图 5－3）。类似于 t－定价的概念在 Pelsser et al.（2014）中被称为$\mathcal{G}_t$－条件评估。

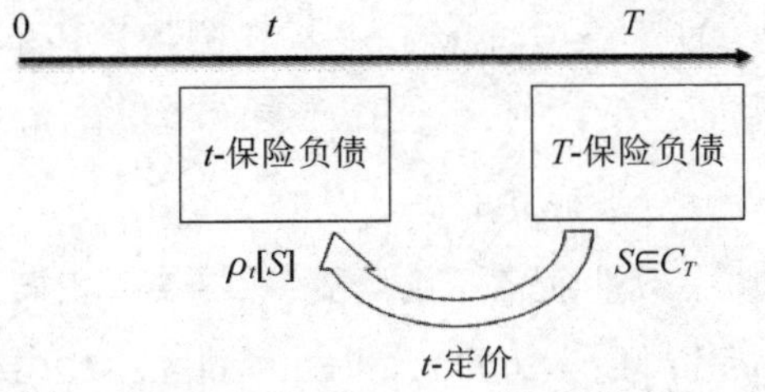

图 5－3　t－定价示意图

接下来，我们根据 t－定价的性质定义精算性（actuarial）、市场一致性（market－consistent）和公允（fair）t－定价。

定义 5.4（精算性（actuarial）、市场一致性（market－consistent）和公允（fair）t－定价）：考虑 t－定价 ρ_t：$C_T\to C_t$.

（1）ρ_t是精算性 t－定价，如果其满足对于任意的 t－正交 T－保险负债的定价是基于模型的（marked－to－model）：

$$\rho_t[S^\perp]=B(t, T)\pi_t[S^\perp]，对于任意的 S^\perp\in O_T^t \quad (5-6)$$

其中，t－定价 π_t：$O_T^t\to C_t$是$\mathbb{P}$－法则不变性的（$\mathbb{P}$－law invariant）且在测度$\mathbb{P}$下和时刻 t 及其以后的资产价格 $Y_t=\{Y(u)\}_{u\in\{t,\cdots,T\}}$独立。

（2）ρ_t是市场一致性 t－定价，如果其满足对于任意的时刻 t，T－保险负债中的任意可对冲部分的定价是市场一致的（marked－to－market）：

$$\rho_t[S + S^h] = \rho_t[S] + \mathbb{E}_t^{\mathbb{Q}}[e^{-\int_t^T r_s ds} S^h] \tag{5-7}$$

对于任意的 $S \in C_T$和 $S^h \in \mathcal{H}_T^t$。

（3）ρ_t是公允 t－定价，如果其同时满足精算性和市场一致性。

基于模型的定价条件式（5－6）反映的是对于传统的正交保险负债的定价方法，要求对于任意的 t－正交保险负债的定价需要采用满足$\mathbb{P}$－法则不变性的 t－定价 π_t（如标准差定价法和均值—方差定价法等）乘以时刻 t 时零息债券的价格 $B(t, T)$。例如，当 π_t是标准差定价法时，可得：

$$\rho_t[S^{\perp}] = (\mathbb{E}_t^{\mathbb{P}}[S^{\perp}] + \alpha\sigma_t^{\mathbb{P}}[S^{\perp}])B(t, T)$$

其中，$\sigma_t^{\mathbb{P}}[S^{\perp}] := \sqrt{Var^{\mathbb{P}}[S\perp \mid \mathcal{G}_t]}$且 $\alpha > 0$。

此外，对于任意的 $S^{\perp} \in O_T^t$，$\pi_t[S^{\perp}]$ 在测度$\mathbb{P}$下和时刻 t 及其以后的资产价格 $Y_t = \{Y(u)\}_{u\in\{t,\cdots,T\}}$ 独立。即对于此类保险负债的精算性定价与时刻 t 及以后的资产价格是独立的。

在文献中，市场一致性通常是由与式（5－7）相同或相似的条件来定义，具体参见 Kupper et al.（2008），Artzner et al.（2010）和 Pelsser et al.（2014）。市场一致性条件可以被看做是从现金平移不变性条件到所有的 t－可对冲保险负债的拓展，表明任何的 t－可对冲保险负债需要由其 t－复制对冲组合的市场价格决定。因此，市场一致性条件可以等价表达为如下式子：对于任意的 $S \in C_T$和 $S^h \in \mathcal{H}_T^t$，有：

$$\rho_t[S + S^h] = \rho_t[S] + \theta_t(t+1) \cdot Y(t) \tag{5-8}$$

其中，θ_t是可对冲保险负债 S^h的 t－复制对冲组合。

与第 3 章的单期模型中提出的公允定价方法类似，本章根据精算性与市场一致性性质定义公允 t－定价。即公允 t－定价方法兼顾了保险负债的正交风险与可复制风险的特征。具体如图 5－4 所示。

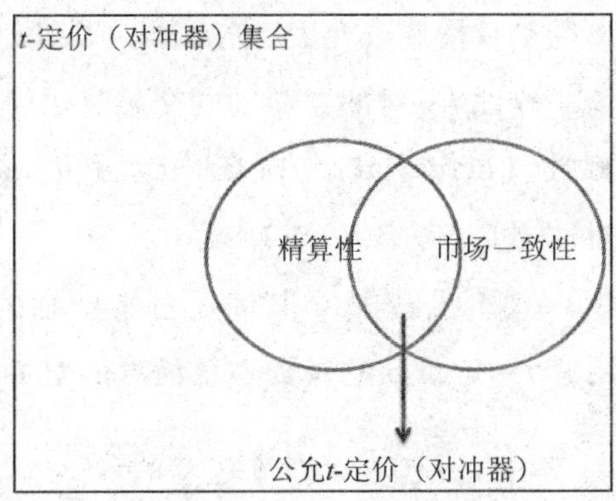

图5-4 公允 t-定价（对冲器）示意图

5.3.2 公允 t-对冲器

本节介绍t-对冲器以及具体的精算性、市场一致性和公允 t-对冲器等类型。这些对冲器概念是单期模型中的对冲器到多期模型中的拓展。

定义5.5（t-对冲器（t-hedger））：t-对冲器是满足如下条件的映射 θ_t：$C_T \to \Theta_t$，其将任意的 T-保险负债 S 映射称为一个自融资的时刻-t 交易策略 $\theta_{t,S} \in \Theta_t$ 使得：

（1）θ_t 是归一化的（normalized）：

$$\theta_{t,0} = 0_t$$

其中，0_t 是自融资的时刻-t 交易策略，并且时刻 t 时的初始投资为零，例如 $0_t(u) = (0，0，\cdots，0)$ 对于任意的 $u = t+1，\cdots，T$。

（2）θ_t 是现金平移不变性的（translation invariant）：

$$\theta_{t,S+a} = \theta_{t,S} + a\beta_t，\text{对于任意的 } S \in C_T \text{ 和 } T \text{ 时刻到期的给付 } a \in C_t$$

其中，β_t 是投资在一个单位零息债券 $B(t，T)$ 并持有至到期时刻 T 的静态交易策略。

映射 θ_t：$C_T \to \Theta_t$ 被称为 t-对冲器，对于任意的 T-保险负债 S，对应的自融资交易策略 $\theta_{t,S}$ 被称为负债 S 的 t-对冲。负债 S 的对冲策略 $\theta_{t,S}$ 在时刻 $u = t+1，\cdots，T$，调仓前（before rebalancing）的价格等于 $\theta_{t,S}(u) \cdot Y(u)$，调仓后（after rebalancing）的价格为 $\theta_{t,S}(u+1) \cdot Y(u)$。接下来，

我们介绍精算性、市场一致性和公允 t - 对冲器。类似地，公允 t - 对冲器类别是精算性与市场一致性 t - 对冲器类别的交集。

定义 5.6（精算性（actuarial）、市场一致性（market - consistent）和公允（fair）t - 对冲器）：考虑 t - 对冲器 θ_t.

（1）θ_t是精算性 t - 对冲器，如果其满足对于任意的 t - 正交 T - 保险负债的对冲是基于精算 t - 定价 ρ_t的投资零息债券的对冲策略：

$$\theta_{t,S^{\perp}} = \frac{\rho_t[S^{\perp}]}{B(t,\ T)}\beta_t，对于任意的 S^{\perp} \in O_T^t \tag{5-9}$$

（2）θ_t是市场一致性 t - 对冲器，如果其满足对于任意的时刻 t，T - 保险负债中的任意可对冲部分的对冲为其负债对冲：

$$\theta_{t,S+S^h} = \theta_{t,S} + \theta_{t,S^h}，对于任意的 S \in C_T 和 S^h \in \mathcal{H}_T^t \tag{5-10}$$

其中，θ_{t,S^h}是可对冲部分 S^h对应的 t - 对冲。

（3）θ_t是公允 t - 对冲器，如果其同时满足精算性和市场一致性。

值得注意的是，精算性 t - 对冲器 θ_t的定义有赖于精算性 t - 定价 ρ_t。因此，将 ρ_t称为精算性 t - 对冲器 θ_t对应的基础精算 t - 定价（underlying actuarial t - valuation）。

本章下文经常需要考虑到在时刻 t 投资 $\rho_t[S]$ 于零息债券 $B(t,\ T)$ 的交易策略，其中 $t=0,\ 1,\ \cdots,\ T-1$。该策略在时刻 t 的初始投资为 $\rho_t[S]$，其在期末时刻 T 的价格记为 $\tilde{\rho}_t$，显然二者的关系为：

$$\tilde{\rho}_t[S] = \frac{\rho_t[S]}{B(t,\ T)} \tag{5-11}$$

以下的引理考虑这样一个如下构造的 t - 对冲器 $\mu_{t,S}$的性质：该对冲器是由另一个 t - 对冲器 $\theta_{t,S}$与将对剩余 $S-\theta_{t,S}(T)\cdot Y(T)$ 的定价投资于零息债券的策略组成。后文中的定理证明将要依赖于这样对冲器的构成，以及该引理的结论。

引理 5.1：对于任意的 t - 对冲器 θ_t和 t - 定价 ρ_t，考虑如下构造的 t - 对冲器 μ_t，

$$\mu_{t,S} = \theta_{t,S} + \tilde{\rho}_t[S-\theta_{t,S}(T)\cdot Y(T)]\beta_t，对于任意的 S \in C_T \tag{5-12}$$

（1）如果 θ_t是精算性 t - 对冲器且 ρ_t是精算性 t - 定价，那么 μ_t 是基于基础精算性 t - 定价 ρ_t的精算性 t - 定价；

（2）如果 θ_t是市场一致性 t - 对冲器，那么 μ_t 是市场一致性 t - 对冲器并且满足 $\mu_{t,S^h} = \theta_{t,S^h}$对于任意的 t - 完全可复制 T - 保险负债 S^h；

（3）如果 θ_t是公允 t - 对冲器并且 ρ_t是精算性 t - 定价，那么 μ_t 是基于基础精算性 t - 定价 ρ_t的公允 t - 对冲器。

证明：易知 μ_t 是 t - 对冲器。

（1）假设 θ_t是基于基础精算性 t - 定价 ψ_t的精算性 t - 对冲器，并且 ρ_t是精算性 t - 定价。对于任意的 t - 正交 T - 保险负债 $S^\perp$，可得：

$$\begin{aligned}\mu_{t,S^\perp} &= \theta_{t,S^\perp} + \tilde{\rho}_t[S^\perp - \theta_{t,S^\perp}(T)\cdot Y(T)]\beta_t \\ &= \tilde{\psi}_t[S^\perp]\beta_t + \tilde{\rho}_t[S^\perp - \tilde{\psi}_t[S^\perp]]\beta_t \\ &= \tilde{\rho}_t[S^\perp]\beta_t\end{aligned}$$

其中，最后一步的推导是基于 ρ_t的平移不变性性质。因此，μ_t 是基于基础精算性 t - 定价 ρ_t的精算性 t - 定价。

（2）假设 θ_t是市场一致性 t - 对冲器。根据 μ_t 的定义，有：

$$\mu_{t,S+S^h} = \theta_{t,S+S^h} + \tilde{\rho}_t[S + S^h - \theta_{t,S+S^h}(T)\cdot Y(T)]\beta_t\text{，对于任意的 } S^h \in \mathcal{H}_T^t$$

由于 θ_t是市场一致性 t - 对冲器，可得：

$$\begin{aligned}\mu_{t,S+S^h} &= \theta_{t,S} + \theta_{t,S^h} + \tilde{\rho}_t[S - \theta_{t,S}(T)\cdot Y(T)]\ \beta_t \\ &= \mu_{t,S} + \theta_{t,S^h}\end{aligned}$$

因此，μ_t 是市场一致性 t - 对冲器。

（3）最后，假设 θ_t是基于基础精算性 t - 定价 ψ_t的公允 t - 对冲器，ρ_t是精算性 t - 定价。从（1）和（2）可知，μ_t 是基于基础精算性 t - 定价 ρ_t的公允 t - 对冲器。

5.3.3　公允动态定价

前文介绍的 t - 定价是 T - 保险负债在时刻 t 下的定价，在多期模型的整个时间区间中所有的 t - 定价过程是随时间过程动态变化的，称为动态定价。动态定价的类似概念可以参见 Acciaio et al.（2011），Artzner et al.（2007）和 Riedel（2004）等文献。我们首先给出动态定价的定义。

定义 5.7（动态定价（dynamic valuation））： 动态定价是一个定价序列 $(\rho_t)_{t=0}^{T-1}$，其中，对于任意的 $t=0$，1，…，$T-1$，ρ_t都是 t－定价。

动态定价是时间序列上的一系列 t－定价，反映了 t－定价随时间的变化。在定义了动态定价之后，我们定义精算性、市场一致性和时间一致性的动态定价。本章提出，多期模型中的动态公允定价是兼具精算性、市场一致性和时间一致性的动态定价。

在给出具体定义之前，首先解释：考虑到 t－定价 ρ_t是对于给付在时刻 T 的 T－保险负债 S 到时刻 t 的映射；为了能够在同一个时间点比较不同 t 时刻的定价，本章采用式（5－11）中的 t－定价 $\tilde{\rho}_t[S]$，其表示将 t－定价 $\rho_t[S]$ 投资在零息债券的策略在时刻 T 时价格。

定义 5.8（精算性、市场一致性、时间一致性和公允动态定价）： 考虑动态定价 $(\rho_t)_{t=0}^{T-1}$，

（1）$(\rho_t)_{t=0}^{T-1}$是精算性动态定价，如果任意的 t－定价 ρ_t是精算性的。

（2）$(\rho_t)_{t=0}^{T-1}$是市场一致性动态定价，如果任意的 t－定价 ρ_t是市场一致性的。

（3）$(\rho_t)_{t=0}^{T-1}$是时间一致性动态定价，如果任意的 t－定价 ρ_t满足：

$$\rho_t[S]=\rho_t[\tilde{\rho}_{t+1}[S]]，对于任意的 S\in C_T 和 t=0，1，\cdots，T-2 \quad (5-13)$$

（4）$(\rho_t)_{t=0}^{T-1}$是公允动态定价，如果其同时满足精算性、市场一致性和时间一致性。

多期模型下的精算性和市场一致性动态定价分别是精算性和市场一致性 t－定价在时间维度上的一般化和拓展。时间一致性是多期模型中动态定价的一个重要性质。近年来也有不少文献讨论了时间一致性定价，对于时间一致性定价方法的研究包括有 Cheridito et al.（2011）、Acciaio et al.（2011）和 Föllmer et al.（2011）。在文献中，一个常见的时间一致性定义

为：如果一个保险负债在时刻 $t+1$ 要确定优于另一个保险负债，那么该结论在时刻 t 时也成立：

$$\rho_{t+1}[S_1] \leqslant \rho_{t+1}[S_2] \Rightarrow \rho_t[S_1] \leqslant \rho_t[S_2]，对于任意的 S_1，S_2 \in C_T 和 t < T \tag{5-14}$$

值得注意的是，该市场一致性的定义与微观经济学等领域中的市场一致性概念十分类似。另外，一些文献提出了弱时间一致性，具体参见 Roorda et al. （2005） 和 Kriele et al. （2014）。

本章对于时间一致性的定义中的条件式（5－13）往往又被称为递归性（recursive－ness）或者层级性质（tower property）。本章提出的时间一致性性质与上述的一般意义上的时间一致性性质是等价的，具体证明可以参见如 Acciaio et al. （2011） 等。即我们通过对 t－定价在时间序列上采用形如式（5－13）的逆向递归迭代（backwards iteration）这一方式来具体保证和实现动态定价的时间一致性性质。对比时间一致性动态定价与一般动态定价可知，时间一致性性质在本质上是对不同时间点上的 t－定价在时间序列上的耦合。具体如图 5－5 所示。

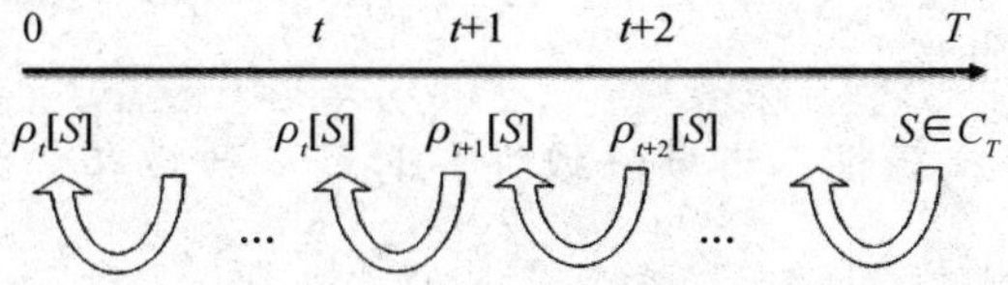

图 5－5　时间一致性动态定价方法示意图

时间一致性性质保证了对于保险负债评估在保险间期在时间序列上的结论具有一致性，是动态定价方法的一个重要性质。本章提出，多期模型中的公允动态定价方法需要结合市场一致性性质和精算性性质，同时满足时间维度上的一致性。因此，在保险间期内的任意评估日，公允动态定价方法考虑了市场信息与精算特征；同时时间一致性性质使其也反映了在不同评估日 t－定价之间的联系。具体如图 5－6 所示。下文将要介绍的公允动态对冲器也具有类似的性质。

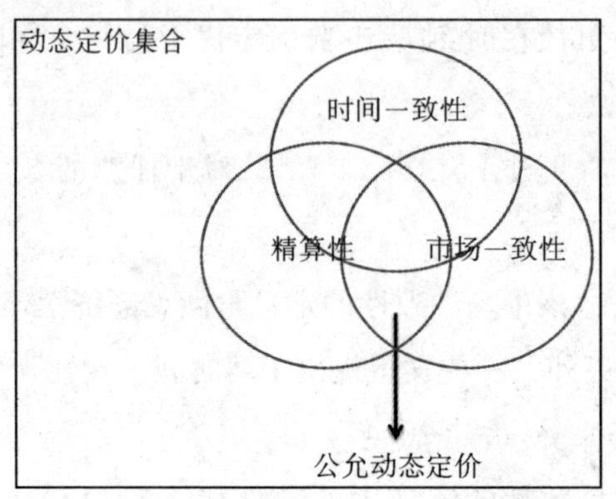

图 5-6　公允动态定价方法示意图

5.3.4　公允动态对冲器

前文介绍了公允动态定价，本节基于 t - 对冲器定义动态对冲器。类似地，动态对冲器给出了时间序列上的对冲策略。

定义 5.9（动态对冲器（dynamic hedger））： 动态对冲器是一个对冲器序列 $(\theta_t)_{t=0}^{T-1}$，对于任意的 $t=0, 1, \cdots, T-1$，θ_t 都是 t - 对冲器。

接下来，与定义 5.8 类似，本章定义精算性、市场一致性、时间一致性和公允动态对冲器。

定义 5.10（精算性、市场一致性、时间一致性和公允动态对冲器）： 考虑动态对冲器 $(\theta_t)_{t=0}^{T-1}$。

（1）$(\theta_t)_{t=0}^{T-1}$ 是精算性动态对冲器，如果任意的 t - 对冲器 θ_t 是精算性的。

（2）$(\theta_t)_{t=0}^{T-1}$ 是市场一致性动态对冲器，如果任意的 t - 对冲器 θ_t 是市场一致性的。

（3）$(\theta_t)_{t=0}^{T-1}$ 是时间一致性的动态对冲器，如果任意的 t - 对冲器满足：

$$\theta_{t,S} = \theta_{t,\ \tilde{\rho}_{t+1}[S]}\text{，对于任意的 } S \in C_T \text{ 和 } t = 0,\ 1,\ \cdots,\ T-2 \tag{5-15}$$

其中，$\rho_{t+1}[S]$ 是对冲 θ_{t+1} 的初始投资 $\rho_{t+1}[S] = \theta_{t+1,S}(t+2) \cdot Y(t+1)$。

（4）$(\theta_t)_{t=0}^{T-1}$ 是公允动态对冲器，如果其同时满足精算性、市场一致性和时间一致性。

动态对冲器的时间一致性性质与动态定价十分一致，都需要依赖逆序递归。结合市场一致性性质可知，对于 T - 保险负债，其分步迭代计算得到对冲能使得其在时间序列上的比较结论是一致的。类似地，公允动态对冲器是依据精算性、市场一致性与时间一致性性质所确定的对冲器（见图 5-7）。后文将证明，由于公允动态定价与公允动态对冲器的"筛选"标准相同，公允动态定价可以基于对应的公允动态对冲器来实现。

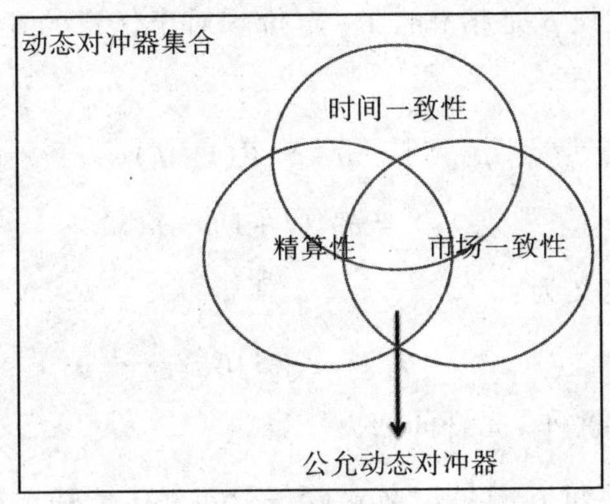

图 5-7　公允动态对冲器示意图

5.3.5　公允动态定价与对冲器的等价性

至此，前文已经介绍了 t - 定价与对冲器，动态定价与动态对冲器。本节将联系定价与对冲器价格之间的关系与等价性。在第 3 章的单期模型中，我们证明了公允定价等价于对冲定价，本节将证明在多期模型中类似的性质同样成立。

首先，定理 5.1 将证明任意的精算性 t - 定价 ρ_t 可以表示为时刻 t 下的精算性 t - 对冲器的市场价格。类似的结论同样适用于市场一致性和公允 t - 对冲器。因此，在多期模型中，公允动态定价的实现同样离不开对冲技术与对冲器。即多期模型中的公允动态定价的实现同样有赖于对冲技术。

定理 5.1：对于 t - 定价 ρ_t：$C_T \to C_t$，

（1）ρ_t是精算性 t－定价当且仅当存在精算性 t－对冲器 θ_t^a 使得：

$$\rho_t[S]=\theta_{t,S}^{\alpha}(t+1)\cdot Y(t)\text{，对于任意的 } S\in C_T \qquad (5-16)$$

（2）ρ_t是市场一致性 t－定价当且仅当存在市场一致性 t－对冲器 θ_t^m 使得：

$$\rho_t[S]=\theta_{t,S}^{m}(t+1)\cdot Y(t)\text{，对于任意的 } S\in C_T \qquad (5-17)$$

（3）ρ_t是公允 t－定价当且仅当存在公允 t－对冲器 θ_t^f 使得：

$$\rho_t[S]=\theta_{t,S}^{f}(t+1)\cdot Y(t)\text{，对于任意的 } S\in C_T \qquad (5-18)$$

证明：（1）假设ρ_t是精算性 t－定价。对于任意的 $S\in C_T$，我们可以将 $\rho_t[S]$ 表示为：

$$\begin{aligned}\rho_t[S]&=\tilde{\rho}_t[S]B(t,T)\\&=\theta_{t,S}^{\alpha}(t+1)\cdot Y(t)\end{aligned}$$

其中，$\theta_{t,S}^{\alpha}$被定义为：

$$\theta_{t,S}^{\alpha}=\tilde{\rho}_t[S]\beta_t$$

显然，θ_t^a 是精算性 t－对冲器。

（1′）考虑 t－定价 ρ_t满足定义式（5－16），其是基于精算性 t－定价 π_t 和精算性 t－对冲器 θ_t^a 的。对于任意的 t－正交 T－保险负债 $S^{\perp}$，有：

$$\rho_t[S^{\perp}]=\theta_{t,S^{\perp}}^{a}(t+1)\cdot Y(t)=\pi_t[S^{\perp}]$$

因此，定价 ρ_t是精算性是精算性 t－定价。

（2）假设 ρ_t是市场一致性 t－定价，并且 θ_t是一个市场一致性 t－对冲器，例如，可以是后文将要介绍的均值—方差 t－对冲器等具体形式。对于任意的 T－保险负债 S，从式（5－7）可知：

$$\begin{aligned}\rho_t[S]&=\mathbb{E}_t^{\mathbb{Q}}[e^{-\int_t^T r_s ds}\theta_{t,S}(T)\cdot Y(T)]+\rho_t[S-\theta_{t,S}(T)\cdot Y(T)]\\&=\theta_{t,S}(t+1)\cdot Y(t)+\rho_t[S-\theta_{t,S}(T)\cdot Y(T)]\\&=\theta_{t,S}^{m}(t+1)\cdot Y(t)\end{aligned}$$

其中：

$$\theta_{t,S}^{m}=\theta_{t,S}+\tilde{\rho}_t[S-\theta_{t,S}(T)\cdot Y(T)]\beta_t \qquad (5-19)$$

从引理 5.1 可知 θ^m 是市场一致性 t－对冲器。

(2′) 考虑 t – 定价 ρ_t 满足定义式（5 – 17），其是基于市场一致性 t – 对冲器 θ_t^m。对于任意的 T – 保险负债 S 和 t – 完全可复制 T – 保险负债 S^h，有：

$$\begin{aligned}\rho_t[S+S^h] &= \theta_{t,S+S^h}^m(t+1)\cdot Y(t)\\ &= \theta_{t,S}^m(t+1)\cdot Y(t)+\theta_{t,S^h}^m(t+1)\cdot Y(t)\\ &= \rho_t[S]+\rho_t[S^h]\end{aligned}$$

因此，ρ_t 是市场一致性 t – 定价。

(3) 假设 ρ_t 是公允 t – 定价，并且 θ_t 是基于基础精算性 t – 定价 ψ_t 的公允 t – 对冲器。从（1）可知，对于任意的 T – 保险负债 S，$\rho_t[S]$ 可以表示为：

$$\rho_t[S]=\theta_{t,S}^m(t+1)\cdot Y(t)$$

其中，θ_t^m 是定义在式（5 – 19）的市场一致性 t – 对冲器。对于任意的 t – 正交 T – 保险负债 $S^\perp$，可得：

$$\begin{aligned}\theta_{t,S^\perp}^m &= \theta_{t,S^\perp}+\tilde{\rho}_t[S^\perp-\theta_{t,S^\perp}^m(T)\cdot Y(T)]\beta_t\\ &= \tilde{\psi}_t[S^\perp]\beta_t+\tilde{\rho}_t[S^\perp-\tilde{\psi}_t[S^\perp]]\beta_t\\ &= \tilde{\rho}_t[S^\perp]\beta_t\end{aligned}$$

由于 ρ_t 是精算性定价，所以 t – 对冲器 θ_t^m 不仅是市场一致性的，同时也是精算性的，因此是公允 t – 对冲器。

(3′) 考虑 t – 定价 ρ_t 满足定义式（5 – 18），其是基于公允 t – 对冲器 θ_t^f。根据（1）和（2），可知 t – 定下 ρ_t 同时满足精算性和市场一致性，也即其是公允的。

基于式（5 – 5），可知公允 t – 定价式（5 – 18）等价于：

$$\rho_t[S] = \mathbb{E}_t^{\mathbb{Q}}[e^{-\int_t^T r_s ds}\theta_{t,S}^f(T)\cdot Y(T)]，对于任意的 S\in C_T \quad (5-20)$$

即在时刻 t 下对于任意 T – 保险负债的公允定价可以被表达为时刻 T 下对该保险负债 S 的对冲 $\theta_{t,S}^f$ 在等价鞅测度$\mathbb{Q}$下的期望值。精算考虑是被隐性地反映在该式中的。

定理 5.1 证明了 t – 定价与 t – 对冲器之间的性质等价性。该性质与第

3 章单期模型中的定理结论相似，都证明了定价与对冲器的性质等价性。即对冲技术是用以实现定价的等价方式。接下来，定理 5.2 将证明公允动态定价与公允动态对冲器之间的等价性。

定理 5.2：动态定价 $(\rho_t)_{t=0}^{T-1}$ 是公允动态定价当且仅当存在公允动态对冲器 $(\mu_t)_{t=0}^{T-1}$ 使得：

$$\rho_t[S]=\mu_{t,S}(t+1)\cdot Y(t)\text{，对于任意的 }S\in C_T \tag{5-21}$$

证明：(1) 假设 $(\rho_t)_{t=0}^{T-1}$ 是公允动态对冲器。基于定理 5.1 可知，对于任意的 $t=0,1,\cdots,T-1$，存在公允 t - 对冲器 θ_t 使得：

$$\rho_t[S]=\theta_{t,S}(t+1)\cdot Y(t)\text{，对于任意的 }S\in C_T \tag{5-22}$$

动态对冲器 $(\theta_t)_{t=0}^{T-1}$ 满足精算性和市场一致性，但并不满足时间一致性。我们基于动态定价 $(\theta_t)_{t=0}^{T-1}$ 构建同时满足精算性、市场一致性和时间一致性的动态定价 $(\mu_t)_{t=0}^{T-1}$.

第一，令 $\mu_{T-1}=\theta_{T-1}$，显然 μ_{T-1} 是公允 $(T-1)$ - 对冲器且满足：

$$\rho_{T-1}[S]=\mu_{T-1,S}(T)\cdot Y(T-1)\text{，对于任意的 }S\in C_T$$

第二，定义 $(T-2)$ - 对冲器 μ_{T-2}，

$$\mu_{T-2,S}=\theta_{T-2,\ \tilde{\rho}_{T-1}}[S]\text{，对于任意的 }S\in C_T$$

接下来，我们证明 μ_{T-2} 是公允的 $(T-2)$ - 对冲器。

· 精算性：对于任意的 $(T-2)$ - 正交 T - 保险负债 $S^{\perp}$，有：

$$\mu_{T-2,S^{\perp}}=\theta_{T-2,\ \tilde{\rho}_{T-1}}[S^{\perp}]$$

考虑到 ρ_{T-1} 是精算性 $(T-1)$ - 定价，并且负债是 $(T-2)$ - 正交 T - 保险负债，所以 $\tilde{\rho}_{T-1}[S^{\perp}]$ 等于 $\pi_{T-1}[S^{\perp}]$。同时，由于 θ_{T-2} 满足精算性，有：

$$\begin{aligned}\mu_{T-2,S^{\perp}}&=\theta_{T-2,\pi_{T-1}[S^{\perp}]}\\&=\pi_{T-2}[\pi_{T-1}[S^{\perp}]]\beta_{T-2}\\&=\pi_{T-2}[S^{\perp}]\beta_{T-2}\end{aligned}$$

其中的推导是基于 $(\rho_t)_{t=0}^{T-1}$ 的时间一致性。所以，μ_{T-2} 是精算性 $(T-2)$ - 对冲器。

·市场一致性：对于任意的（$T-2$）－完全可复制 T－保险负债 S^h，有：

$$
\begin{aligned}
\mu_{T-2,S+S^h} &= \theta_{T-2,\ \tilde{\rho}_{T-1}}[S+S^h] \\
&= \theta_{T-2,\ \tilde{\rho}_{T-1}[S]+\tilde{\rho}_{T-1}}[S^h] \\
&= \theta_{T-2,\ \tilde{\rho}_{T-1}[S]} + \theta_{T-2,S^h} \\
&= \mu_{T-2,S} + \theta_{T-2,S^h}
\end{aligned}
$$

其中用到了任意的 t－完全可复制负债同时也是（$t+1$）－完全可复制的结论（但是反之并不成立），以及 θ_{T-2}的市场一致性。因此，μ_{T-2}是满足市场一致性的（$T-2$）－对冲器。

进一步地，我们有：

$$
\begin{aligned}
\rho_{T-2}[S] &= \theta_{T-2,S}(T-1)\cdot Y(T-2) \\
&= \theta_{T-2,\ \tilde{\rho}_{T-1}[S]}(T-1)\cdot Y(T-2) \\
&= \mu_{T-2,S}(T-1)\cdot Y(T-2)
\end{aligned}
$$

该式子的证明分别根据了（ρ_t）$_{t=0}^{T-1}$的市场一致性以及 μ_{T-2}的定义。递归迭代地，可以根据公允 t－对冲器 θ_t来构建时间一致性对冲器：

$$\mu_{t,S} = \theta_{t,\ \tilde{\rho}_{t+1}[S]}，对于任意的 S \in C_T$$

与 μ_{T-2}类似，可以证明 μ_t 也是公允 t－对冲器。此外，（μ_t）$_{t=0}^{T-1}$由于构建方式具有时间一致性，有：

$$
\begin{aligned}
\rho_t[S] &= \theta_{t,S}(t+1)\cdot Y(t) \\
&= \theta_{t,\ \tilde{\rho}_{t+1}[S]}(t+1)\cdot Y(t) \\
&= \mu_{t,S}(t+1)\cdot Y(t)
\end{aligned}
$$

其中，该式子的证明利用了（ρ_t）$_{t=0}^{T-1}$的时间一致性以及 μ_t 的定义。

（2）假设存在公允动态对冲器（μ_t）$_{t=0}^{T-1}$使得：

$$\rho_t[S] = \mu_{t,S}(t+1)\cdot Y(t)，对于任意的 S \in C_T \tag{5-23}$$

从定理 5.1 可知，任意的 t－定价 ρ_t都是公允的。此外，

$$
\begin{aligned}
\rho_t[S] &= \mu_{t,S}(t+1)\cdot Y(t) \\
&= \mu_{t,\ \tilde{\rho}_{t+1}[S]}(t+1)\cdot Y(t) \\
&= \rho_t[\tilde{\rho}_{t+1}[S]]
\end{aligned}
$$

其中，该式子的证明利用了 $(\mu_t)_{t=0}^{T-1}$的市场一致性性质以及 ρ_t的定义。

综上所述，定理 5.1 和定理 5.2 在多期模型中联系了公允动态对冲定价与公允对冲器技术，将第 3 章中关于公允定价与对冲技术的等价性拓展到了多期模型中。该等价说明了公允动态定价具有的精算性、市场一致性和时间一致性这些良好性质的实现有赖于合适的动态对冲技术的选取。该定理从理论上揭示了多期的动态负债评估在本质上等价于其动态对冲的市场价格，在方法论上联系起了动态评估方法与对冲技术。

至此，虽然本章在理论上提出了公允动态定价，并且给出了理论上基于对冲的实现方式，但是在精算实务中实现公允动态定价仍有赖于具体的对冲技术和风险边际的选取。下一节将单期模型中提出的凸对冲技术拓展到了多期模型中的凸动态对冲技术，并基于此介绍公允动态定价的具体实现。值得注意的是，凸动态对冲技术是一类实现公允动态对冲技术，其实现有赖于具体对冲器的选取，并允许不同的保守性程度。

5.4 保险负债的凸动态对冲技术

5.4.1 凸 t - 定价与凸 t - 对冲器

第 3 章的单期模型提出并研究了凸对冲技术，指的是对于任意的保险负债 S，凸对冲器映射的对冲 θ_S^u 使得保险负债和对冲组合在时刻 T 时尽可能地“相互接近”以使得$\mathbb{P}$测度下的二者偏差在凸函数 u 下的期望值最小。凸函数 u 决定了保险负债和对冲组合的偏差是如何被“惩罚”的，一个特殊的凸函数就是二次函数 $u(x)=x^2$，此时凸函数为均值—方差凸函数。本书的第 3 章提出并研究了在单期模型中基于凸对冲技术实现公允定价，本节将在多期模型中提出凸动态对冲技术，并根据凸动态对冲器实现动态公允定价。

首先，在多期模型中，凸 t - 对冲器的定义如下：

定义 5.11（凸 t - 对冲器（convex t - hedger））：满足如下定义的 t -

对冲器 θ_t^u 被称为基于凸函数 u 的凸 t - 对冲器：

$$\theta_{t,S}^u = \arg\min_{\mu \in \Theta_t} \mathbb{E}^{\mathbb{P}}[u(u \cdot Y(T) - S)]，\text{对于任意的 } S \in C_T \quad (5-24)$$

其中，u 为非负严格凸函数满足 $u(0)=0$。

本书的第 3 章证明了单期模型中的凸对冲器是公允对冲器。接下来，我们将证明在多期模型中的凸 t - 对冲器是公允 t - 对冲器。

定理 5.3：凸 t - 对冲器 θ_t^u 是公允 t - 对冲器，其基础精算 t - 定价为：

$$\rho_t^u[S^\perp] = B(t, T) \cdot \arg\min_{S \in \mathbb{R}} \mathbb{E}^{\mathbb{P}}[u(S^\perp - s)]，\text{对于任意的 } S^\perp \in O_T \quad (5-25)$$

证明：本定理的证明与第 3 章中的定理 3.4 类似，不同的的是本定理是基于多期模型。考虑定义在式（5-24）中的 t - 对冲器 θ_t^u，需要证明 θ_t^u 满足公允 t - 对冲器定义中的条件式（5-9）和式（5-10）。

（1）对于任意的 t - 可复制负债 $S^h \in \mathcal{H}_T^t$，其可以被一个时刻 t 自融资策略 $\theta_t \in \Theta_t$ 所复制使得 $S^h = \theta_{t,S^h} \cdot Y(T)$，则有：

$$\begin{aligned}
\theta_{t,S+S^h}^u &= \arg\min_{\mu_t \in \Theta} \mathbb{E}^{\mathbb{P}}[u(S-(\mu-\theta_{t,S^h}) \cdot Y(T))] \\
&= \theta_{t,S^h} + \arg\min_{\mu' \in \Theta_t} \mathbb{E}^{\mathbb{P}}[u(S-\mu' \cdot Y(T))] \\
&= \theta_{t,S^h} + \theta_S^{\mu'}
\end{aligned}$$

这说明了其满足条件式（5-10）。

（2）对于任意的 t - 正交 T - 保险负债 $S^\perp \in O_T^t$，考虑到 $S^\perp$ 和 Y 之间的独立性以及 Jensen 不等式，可得对于任意的交易策略 $\mu \in \Theta$ 有：

$$\mathbb{E}^{\mathbb{P}}[u(S^\perp - \mu \cdot Y(T)) \mid S^\perp] \geqslant u(S^\perp - \mu \cdot \mathbb{E}^{\mathbb{P}}[Y(T)])$$

对式子的左右两边同时取期望[①]，可得：

$$\mathbb{E}^{\mathbb{P}}[u(S^\perp - \mu \cdot Y(T))] \geqslant \mathbb{E}^{\mathbb{P}}[u(S^\perp - \mu \cdot \mathbb{E}^{\mathbb{P}}[Y(T)])] \geqslant \mathbb{E}^{\mathbb{P}}[u(S^\perp - \tilde{\rho}_t[S^\perp])]$$

对于任意的 $\mu \in \Theta_t$。因为 $\tilde{\rho}_t[S^\perp]$ 可以表示为：

$$\tilde{\rho}_t[S] = (\rho_t[S^\perp], 0, \cdots, 0) \cdot Y(T)$$

$\rho_t[S^\perp]$ 和 $\tilde{\rho}_t[S]$ 之间的关系见式（5-11）。由于（$\rho_t[S^\perp]$，0，…，

① 基于结论：条件期望的期望等于期望值。

0）属于 Θ_t，可得：

$$\theta^u_{t,S^\perp}=\frac{\rho_t[S^\perp]}{B(t,\ T)}\beta_t \tag{5-26}$$

容易证明，式（5-25）中定义的 ρ^u_t 是精算性定价，所以也满足条件式（5-9）。

凸对冲技术是本书提出的一类对冲技术，得益于凸函数的优化问题具有良好的求解性质，其在实际操作中具有良好的可行性。接下来，我们介绍凸对冲 t-定价（convex hedge-based t-valuation，CHB t-valuation），其定价的实现有赖于凸 t-对冲器和风险边际的具体选取。

定义 5.12（凸对冲 t-定价（convex hedge-based t-valuation））： 凸对冲 t-定价是满足如下定义的 t-定价 ρ_t：$C_T\to C_t$，$t=0$，1，…，$T-1$，

$$\rho_t[S]=\theta^u_{t,S}\cdot Y(t)+\pi_t[S-\theta^u_{t,S}\cdot Y(t)] \tag{5-27}$$

其中，θ^u_t 为凸 t-对冲器和精算 t-定价 π_t。

接下来，本节在多期模型中证明凸对冲 t-定价等价于公允 t-定价。即本节提出的凸对冲 t-定价是实现公允 t-定价的一类方式。

定理 5.4： 映射 ρ_t：$C_T\to C_t$，$t=0$，1，…，$T-1$，是凸对冲 t-定价当且仅当其为公允 t-定价。

证明： 该定理的证明与第 3 章单期模型下的等价性类似，但由于本章考虑的是多期模型，故再次给出证明。

（1）考虑任意的定义在式（5-27）的凸对冲 t-定价，为了证明 ρ_t 是公允的，需要证明 ρ_t 同时具有市场一致性和精算性性质。

（i）对于 $S\in C_T$ 和 $S^h\in\mathcal{H}^t_T$ 满足存在对冲 $\theta_t\in\Theta_t$ 使得 $S^h=\theta_{t,S^h}\cdot Y(T)$，有：

$$\theta^u_{t,S+S^h}=\theta^u_{t,S}+\theta_{t,S^h}$$

基于该可加性可得：

$$\begin{aligned}\rho_t[S+S^h]&=\theta^u_{t,S+S^h}\cdot Y(t)+\pi_t[S-\theta^u_{t,S+S^h}\cdot Y(T)]\\&=\theta^u_{t,S}\cdot Y(t)+\theta_{t,S^h}\cdot Y(t)+\pi_t[S+S^h-\theta^u_{t,S}\cdot Y(t)-\theta_{t,S^h}\cdot Y(t)]\end{aligned}$$

$$=\theta^{u}_{t,S}\cdot Y(t)+\pi_t[S-\theta^{u}_{t,S}\cdot Y(t)]+\theta_{t,S^h}\cdot Y(t)$$
$$=\rho_t[S]+\theta_{t,S^h}\cdot Y(t)$$

因此，ρ_t满足市场一致性。

(ii) 对于 $S^{\perp}\in O_T$，由（5-26）可知 $\theta^{u}_{t,S^{\perp}}\cdot Y(t)=\tilde{\rho}_t[S]$。根据 π_t的平移不变性可得：

$$\rho_t[S^{\perp}]=\theta^{u}_{t,S^{\perp}}\cdot Y(t)+\pi_t[S^{\perp}-\theta^{u}_{t,S^{\perp}}\cdot Y(T)]$$
$$=\rho_t[S^{\perp}]+\pi_t[S^{\perp}-\tilde{\rho}_t[S]]$$
$$=\pi_t[S^{\perp}]$$

因为 π_t是精算性 t-定价，所以 ρ_t是精算性的。

(2) 考虑任意的公允 t-定价 ρ_t。$\theta^{u}_{t,S}\cdot Y(T)$ 是 T-保险负债 S 在时刻 T 时的基于凸对冲的对冲组合的市场价格。例如，该凸对冲组合可以是基于均值—方差凸对冲器求解的对冲组合。根据市场一致性性质，可得：

$$\rho_t[S]=\rho_t[\theta^{u}_{t,S}\cdot Y(T)+(S-\theta^{u}_{t,S}\cdot Y(T))]$$
$$=\theta^{u}_{t,S}\cdot Y(t)+\rho_t[S-\theta^{u}_{t,S}\cdot Y(T)]$$

由于 ρ_t是公允的，所以其具有精算性。因此，可知公允 t-定价是凸对冲 t-定价。

定理 5.4 对于任意的凸 t-对冲器 θ^u均成立，包括常见的均值—方差对冲器。所以，我们可以通过选择凸对冲器来实现对保险负债的公允 t-定价。

5.4.2　凸动态定价与凸动态对冲器

上一节介绍了凸对冲 t-对冲器和定价，其分别将任意的 T-保险负债映射成为时刻 t 下的对冲策略和对冲值。本节进一步地考虑一个 T-保险负债在未到期时刻 $t<T$ 时的负债评估，并在时间序列上考虑不同时间点上 t-定价之间的关联性。因此，我们研究凸动态定价的时间一致性与公允性质。

定义 5.13（凸动态对冲器（convex dynamic hedger））：凸动态对冲器是满足如下条件的动态对冲器 $(\theta_t)_{t=0}^{T-1}$：任意的 θ_t是凸 t-定价且满足：

$$\theta_{t,S}=\theta_{t,\ \tilde{\rho}\ t+1[S]}+\pi_t[S-\theta_{t,\ \tilde{\rho}\ t+1[S]}\cdot Y(T)]\beta_t,$$

对于任意的 $S\in C_T$ 且 $t=0,\ 1,\ \cdots,\ T-2$ (5-28)

其中，$\rho_{t+1}[S]=\theta^u_{t+2,S}\cdot Y(t+1)+\pi_{t+1}[S-\theta^u_{t,S}\cdot Y(T)]$，$\pi_t$ 是精算 t- 定价。

接下来，我们基于凸对冲 t-定价提出凸对冲动态定价（convex hedge-based dy-namic valuation）。凸对冲动态定价是满足时间序列上的递归迭代关系的凸对冲 t-定价序列。

定义 5.14（凸对冲动态定价（convex hedge-based dynamic valuation））：凸对冲动态定价是满足如下条件的动态定价 $(\rho_t)_{t=0}^{T-1}$：任意的 ρ_t 都是凸对冲 t-定价且满足：

$$\rho_t[S]=\rho_t[\tilde{\rho}_{t+1}[S]]，对于任意的 S\in C_T 和 t=0,\ 1,\ \cdots,\ T-2 \quad (5-29)$$

定理 5.2 证明了在多期模型中，公允动态定价等价于对应的用于实现的公允动态对冲组合的价格。以下的定理将证明这一等价性对于凸动态对冲技术时同样成立，凸对冲动态定价等价于凸对冲动态对冲器的市场价格。也即，凸对冲动态定价的实现是基于选取对应的凸对冲器技术。

定理 5.5：动态定价 $(\rho_t)_{t=0}^{T-1}$ 是公允动态定价当且仅当存在一个凸对冲动态对冲器 $(\mu_t)_{t=0}^{T-1}$ 满足：

$$\rho_t[S]=\mu_{t,S}\cdot Y(t)，对于任意的 S\in C_T 和 t=0,\ 1,\ \cdots,\ T-1 \quad (5-30)$$

证明：(1) 假设 $(\rho_t)_{t=0}^{T-1}$ 是一个公允动态定价。首先，根据定理 5.4 可知公允 t-定价是凸对冲 t-定价。即存在凸 t-对冲器 θ^u_{T-1} 和精算 t- 定价 π_{T-1} 使得：

$$\rho_{T-1}[S]=\theta^u_{T-1,S}(T)\cdot Y(T-1)+\pi_{T-1}[S-\theta^u_{T-1,S}(T)\cdot Y(T)],$$

对于任意的 $S\in C_T$ (5-31)

接下来，我们基于凸 t-对冲器 θ^u_t 构建动态对冲器 $(\mu_t)_{t=0}^{T-1}$，使其同时满足精算性，市场一致性和时间一致性。在 $T-1$ 时刻，令 $\mu_{T-1}=$

θ_{T-1}，即：

$$\mu_{T-1,S}=\theta^{u}_{T-1,S}+\pi_{T-1}[S-\theta^{u}_{T-1,S}(T)\cdot Y(T)]\beta_{T-1} \tag{5-32}$$

显然，μ_{T-1}是公允的（$T-1$）-对冲器，并且有：

$$\rho_{T-1}[S]=\mu_{T-1,S}(T)\cdot Y(T-1)\text{，对于任意的 }S\in C_T$$

接下来，由于凸动态定价的时间一致性，（$T-2$）-定价$\rho_{T-2}[S]$为：

$$\begin{aligned}\rho_{T-2}[\tilde{\rho}_{T-1}[S]]&=\theta^{u}_{T-2,\tilde{\rho}_{T-1[S]}}(T)\cdot Y(T-2)+\pi_{T-2}[S-\theta^{u}_{T-2,\tilde{\rho}_{T-1[S]}}(T)\cdot Y(T)]\\&=(\theta^{u}_{T-2,S}+\pi_{T-2}[S-\theta^{u}_{T-2,S}(T)\cdot Y(T)]\beta_{T-2})\cdot Y(T-2)\\&=\mu_{T-2,S}(T)\cdot Y(T-2)\end{aligned}$$

因此，$\rho_{T-2}[S]$ 等价于（$T-2$）-对冲器μ_{T-2}的市场价格。通过递归迭代，可以根据凸t-对冲器μ_{T-1}构建如下时间一致性动态对冲器：

$$\mu_{t,S}=\mu_{t,\tilde{\rho}_{t+1[S]}}\text{，对于任意的 }S\in C_T\text{和 }t=0,1,\cdots,T-2$$

因此，凸动态定价$(\mu_{t,S})_{t=0}^{T-1}$满足$\rho_t[S]=\mu_{t,S}\cdot Y(t)$。

（2）考虑凸动态对冲器$(\mu_t)_{t=0}^{T-1}$，其满足：

$$\mu_{t,S}=\mu_{t,\tilde{\rho}_{t+1[S]}}+\pi_t[S-\mu_{t,\tilde{\rho}_{t+1[S]}}\cdot Y(T)]\beta_t,$$
$$\text{对于任意的 }S\in C_T\text{和 }t=0,1,\cdots,T-2 \tag{5-33}$$

根据定理5.4可知，凸对冲t-定价$\rho_t=\theta_{t,S}\cdot Y(t)$是公允$t$-定价，同时满足精算性和市场一致性。此外，$(\mu_t)_{t=0}^{T=1}$的构造使得其满足时间一致性。所以，$(\rho_t)_{t=0}^{T=1}[S]$是公允动态定价。

第3章证明了在单期模型中公允定价等价于对冲定价，其可以通过对冲技术来实现，本章的定理5.4进一步地证明了该等价性对于t-定价同样成立。进一步地，接下来的定理将证明公允动态定价与凸对冲动态定价之间的等价性，即任意的公允定价在本质上可以等价于基于凸对冲方式实现的。

定理5.6：动态定价$(\rho_t)_{t=0}^{T-1}$是凸对冲动态定价当且仅当其为公允动态定价。

证明：（1）考虑定义在式（5-29）的凸对冲动态定价。根据定理5.4易知，凸对冲动态定价$(\rho_t)_{t=0}^{T=1}$同时满足市场一致性和精算性。此外，由定义式（5-29）中的时间维度的迭代性质可知，$(\rho_t)_{t=0}^{T=1}$满足式（5-

13）和时间一致性性质。因此，凸对冲动态定价是公允动态定价。

（2）考虑公允动态定价 $(\rho_t)_{t=0}^{T-1}$。由于对于任意的 $t=0, 1, \cdots, T-1$，ρ_t同时满足精算性与市场一致性性质，因此其为公允 t - 定价。根据定理 5.4 可知，ρ_t也是凸对冲 t - 定价。由于公允动态定价 $(\rho_t)_{t=0}^{T-1}$满足时间一致性，因此所有的 t - 定价在时间维度上的连结方式满足：

$$\rho_t[S]=\rho_t[\tilde{\rho}_{t+1}[S]]，\text{对于任意的 } S\in C_T \text{ 和 } t=0, 1, \cdots, T-2 \tag{5-34}$$

因为任意的ρ_t都是 t - 定价，根据迭代性质与定义可知，公允动态定价 $(\rho_t)_{t=0}^{T-1}$是凸对冲动态定价。

定理 5.6 证明了凸对冲动态定价和公允动态定价在多期模型中的等价性，该结论使得单期模型和多期模型的结论具有良好的一致性，说明凸对冲技术是在单期和多期模型中实现公允定价的方式。由于均值—方差对冲是特殊的凸对冲方法，也说明了均值—方差对冲定价是一种特殊的凸对冲动态定价和公允动态定价的实现方式，该方法实现公允动态定价的文献可见如 Barigou et al.（2019）等。

综上所述，本节证明了凸对冲动态定价这一特殊的基于对冲的定价，在性质上与公允动态定价是等价的。即本节提出了凸对冲定价这一种实现公允动态定价的具体方式。

5.5 实现方法：损失厌恶凸动态对冲技术

前文已经证明了无论在单期模型还是在多期模型中，对保险负债的公允（动态）定价都等价于对冲（动态）定价。对 T - 保险负债 S 的公允定价有赖于将保险负债分成对冲部分和剩余部分，再进行分别定价：

$$S=\theta_{t,S}\cdot Y(T)+(S-\theta_{t,S}\cdot Y(T)) \tag{5-35}$$

对 T - 保险负债 S 的定价首先依赖于基于某目标决定的对冲交易策略 $\theta_{t,S}$，而未被对冲的剩余部分则为 $S-\theta_{t,S}\cdot Y(t)$。对保险负债 S 的公允定价等于可对冲部分 $\theta_{t,S}$的市场价格与剩余部分的精算价格之和。可见，公允

（动态）定价的实现有赖于具体（动态）对冲技术和风险边际计算方法的选取。因此，对冲技术的选取很大程度地影响了公允定价的实现，以及其保守性程度。

本节在多期模型中研究凸动态对冲的一种具体实现方式——损失厌恶凸动态对冲技术。我们将具体举例展示在多期模型中基于损失厌恶凸动态对冲技术来实现公允动态定价。第 4 章已经提出并介绍了损失厌恶对冲技术，发现在对冲的损失厌恶态度是除了风险边际方法之外，能实现更高的精算保守性程度的一类具体对冲技术和方法。我们将单期模型中的损失厌恶凸对冲技术方法拓展到多期模型中，用于保险负债的公允动态定价，并进行数值模拟分析。

5.5.1　损失厌恶动态凸对冲与定价

凸动态对冲器和凸对冲动态定价的具体实现方式有赖于凸函数 $u(x)$ 的选取。本节考虑带有损失厌恶特征的凸函数 $u(x)$。在多期模型中，我们首先明确对冲组合和保险负债在期末时刻 T 的偏差为：

$$x = \mu_{t,S}(T) \cdot Y(T) - S$$

因此，变量 x 的取值在时刻 T 时被实现，其符号的正负性与前景理论的损失厌恶效用函数相一致。其中，$x<0$ 的情形代表了保险公司的损失偏差情形，相反的 $x>0$ 的情形则代表了收益偏差情形。凸函数 $u(x)$ 的选取可以反映出对冲器对于损失和收益偏差的态度。本节研究基于具有损失厌恶性质的凸函数 $u(x)$ 的对冲。

第 4 章的单期模型已经介绍了具有损失厌恶特点的凸对冲器。在本章的多期模型中，为了后文作准备，首先定义 PNS，PPS 和对称凸 t – 对冲器。值得注意的是，单期模型和多期模型中的凸对冲器定义差别反映在映射所考虑的对应时间点。

定义 5.15（PNS，PPS 和对称凸 t – 对冲器）：基于凸函数 $u(x)$ 定义的凸 t – 对冲器 θ_t^u 被称为：

（1）PNS 凸 t – 对冲器，如果 $u(x)$ 是 PNS 凸函数；

（2）PPS 凸 t - 对冲器，如果 $u(x)$ 是 PPS 凸函数；

（3）对称凸 t - 对冲器，如果 $u(x)$ 是对称凸函数。

第 4 章在单期模型中介绍了损失厌恶凸对冲器。在本章的多期模型中，为了准备后文的损失厌恶凸动态器和定价，首先介绍损失厌恶凸 t - 对冲器的定义。不同的是，本节为了和损失厌恶效用函数保持一致的形式，直接采用损失厌恶系数 λ 对损失厌恶凸 t - 对冲器进行定义。

定义 5.16（损失厌恶凸 t - 对冲器（loss averse convex t - hedger））： 凸 t - 对冲器是损失厌恶凸 t - 对冲器（LA 凸 t - 对冲器）如果其对应的 PNS 凸函数满足如下形式：

$$u(x)=\begin{cases} g(x), & x\geqslant 0 \\ \lambda\cdot g(-x), & x<0 \end{cases},\quad \lambda>1 \tag{5-36}$$

其中，$x=\mu\cdot Y-S$，$g(x)$ 和 $u(x)$ 是非负的凸函数。

值得注意的是，该基于 λ 的定义形式与第 4 章中的定义 4.7 是等价的，对应的最优解并没有区别。正如第 4 章中所介绍的，“损失厌恶系数” λ 衡量了 LA 凸 t - 对冲器对损失偏差和收益偏差惩罚态度的差异：

（1）当 $\lambda<1$ 时，凸函数 $u(x)$ 对收益偏差的惩罚大于损失偏差；

（2）当 $\lambda>1$ 时，凸函数 $u(x)$ 对损失偏差的惩罚大于收益偏差；

（3）当 $\lambda=1$ 时，凸函数 $u(x)$ 对损失偏差的惩罚等同于收益偏差。

关于损失厌恶凸 t - 对冲器的举例可以具体回顾第 4 章，由于 t - 对冲器的性质与单期模型中的对冲器完全可类比，本节不再赘述。接下来，我们考虑当凸函数为对称的二次函数的情形，即损失厌恶均值方差 t - 对冲器。

本节将单期模型中定义的损失厌恶均值—方差对冲器（LAMV 对冲器）拓展到多期模型中。因此，首先定义损失厌恶均值—方差 t - 对冲器（loss averse mean - variance t - hedger，LAMV t - 对冲器）。

定义 5.17（损失厌恶均值—方差 t - 对冲器）： 损失厌恶均值—方差 t - 对冲器（LAMV t - 对冲器）$\theta_{t,S}^{LAMV}$ 是满足如下定义的凸 t - 对冲器：

$$\theta_{t,S}^{LAMV}=\arg\min_{\mu\in\Theta_t}\mathbb{E}_t^{\mathbb{P}}[u(S-\theta_{t,S}(T)\cdot Y(T))]，对于任意的 S\in C_T \tag{5-37}$$

其中：

$$u(x)=\begin{cases}x^2, & x\geqslant 0\\ \lambda\cdot x^2, & x<0\end{cases}, \quad \lambda>1 \tag{5-38}$$

易知，如下形式的均值—方差 t - 对冲器（MV t - 对冲器）：

$$\theta_{t,S}^{MV}=\arg\min_{\theta\in\Theta_t}\mathbb{E}_t^{\mathbb{P}}[(S-\theta_{t,S}(T)\cdot Y(T))^2] \tag{5-39}$$

其实是凸 t - 对冲器定义式（5 - 38）中当 $\lambda=1$ 的特殊情形。易知，MV t - 对冲器 $\theta_{t,S}^{MV}$满足$\mathbb{P}$ - 期望性质：

$$\mathbb{E}^{\mathbb{P}}[S]=\theta_{t,S}^{MV}\cdot\mathbb{E}^{\mathbb{P}}[Y(T)]$$

在测度$\mathbb{P}$下均值—方差对冲组合的期望值等于保险负债给付的期望值。第 4 章中的推论 4.6 已经证明了，$\mathbb{P}$ - 期望性质对于 LAMV 对冲器并不成立，所以 LAMV t - 对冲器也并不满足此性质。除了$\mathbb{P}$ - 期望性质之外，由前文结果可知，MV t - 对冲器还具有可加性、乘数性质等其他性质，可见第 4 章或 Schweizer（2010）。容易证明，LAMV t - 对冲器 $\theta_{t,S}^{LAMV}$ 具有乘数性质，但不具有可加性。

在多期模型中介绍了 LAMV t - 对冲器和 MV t - 对冲器后，本节在此基础上定义损失厌恶均值方差 t - 定价（LAMV t - 定价）、损失厌恶均值方差对冲 t - 定价（LAMVHB t - 定价）和均值—方差对冲 t - 定价（MVHB t - 定价）。不同类型的定价方法的实现有赖于 t - 对冲器和风险边际的选取。

定义 5.18（LAMV t - 定价，LAMVHB t - 定价和 MVHB t - 定价）： 考虑 t - 定价 ρ_t：$C_T\to C_t$，$t=0, 1, \cdots, T-1$，

（1）LAMV t - 定价是满足如下条件的 t - 定价：

$$\rho_t=\theta_{t,S}^{LAMV}\cdot Y(t)，对于任意的 S\in C_T \tag{5-40}$$

（2）LAMVHB t - 定价是满足如下条件的 t - 定价：

$$\rho_t[S]=\theta_{t,S}^{LAMV}\cdot Y(t)+\pi_t[S-\theta_{t,S}^{u}\cdot Y(T)]，对于任意的 S\in C_T \tag{5-41}$$

(3) MVHB t - 定价是满足如下条件的 t - 定价：

$$\rho_t[S] = \theta_{t,S}^{MV} \cdot Y(t) + \pi_t[S - \theta_{t,S}^{u} \cdot Y(T)]，对于任意的 S \in C_T \quad (5-42)$$

其中，π_t是精算性 t - 定价。

MVHB t - 定价和 LAMV t - 定价分别代表了两种让均值—方差对冲器更加精算保守的方式：一个是对剩余风险通过附加风险边际进行定价的方式；另外一个是通过在对冲器进行对冲时候区分损失偏差和收益偏差，对损失偏差进行更多的惩罚。LAMVHB t - 定价则是兼具了这两类方式，既具有损失厌恶，也具有风险边际。

接下来，本节将 LAMV t - 定价、LAMVHB t - 定价和 MVHB t - 定价拓展到本章的多期模型中的动态定价。

定义 5.19（LAMV 动态定价，LAMVHB 动态定价和 MVHB 动态定价）：考虑动态定价 $(\rho_t)_{t=0}^{T-1}$满足其所有的ρ_t在时间序列上的连结方式为：

$$\rho_t[S] = \rho_t[\tilde{\rho}_{t+1}[S]]，对于任意的 S \in C_T 和 t = 0, 1, \cdots, T-2 \quad (5-43)$$

(1) $(\rho_t)_{t=0}^{T-1}$是 LAMV 动态定价如果任意的ρ_t是 LAMV t - 定价；

(2) $(\rho_t)_{t=0}^{T-1}$是 LAMVHB 动态定价如果任意的ρ_t是 LAMVHB t - 定价；

(3) $(\rho_t)_{t=0}^{T-1}$是 MVHB 动态定价如果任意的ρ_t是 MVHB t - 定价。

显然，LAMV t - 定价和 MVHB t - 定价都是凸对冲 t - 定价。LAMV t - 定价可以看作是基于凸对冲器 θ_t^{LAMV} 和特殊的精算 t - 定价，后者满足 $\pi_t = 0$ 对于任意的 $S \notin \mathcal{H}_T^t$。此外，MVHB t - 定价严格满足凸对冲 t - 定价的定义。因此，根据定理 5.6 可知，LAMV 动态定价与 MVHB 动态定价都是公允动态定价。

推论 5.1：LAMV 动态定价是公允动态定价。

推论 5.2：LAMVHB 动态定价是公允动态定价。

推论 5.3：MVHB 动态定价是公允动态定价。

本文的第 4 章已经介绍了损失厌恶态度和附加风险边际这两种实现更具有精算保守性的定价方法。下一节将在多期模型中具体介绍如何基于计算机蒙特卡洛模拟技术以及不同的对冲技术实现公允动态定价。

5.5.2　基于凸动态对冲的实现方法举例

如前文所介绍的，在多期模型中公允动态定价 $\rho_{t+1}[S]$ 的实现有赖于在时间序列上的任意时刻 $t=0$，…，$T-1$ 基于公允 t - 对冲器 θ_t 进行递归迭代。此外，对未被对冲的剩余风险的定价是基于精算性 t - 定价 π_t。

对于 T - 保险负债 S，用于实现公允动态定价 $(\rho_t)_{t=0}^{T-1}$ 的递归迭代过程在时间序列上的关系如下：

$$\rho_t[S]=\rho_t[\tilde{\rho}_{t+1}[S]]\text{，对于任意的 } S\in C_T \text{ 和 } t=0,\ 1,\ \cdots,\ T-2 \tag{5-44}$$

其中，ρ_t 为 t - 定价。逆向递归迭代过程的公允动态定价的实现可以基于如下过程：

(1) 在时刻 $T-1$，公允定价 $\rho_{T-1}[S]$ 的实现有赖于公允 t - 定价 $\rho_{T-1}[S]$：首先通过凸对冲技术来确定对冲组合，对剩余的不可对冲风险的定价是基于精算性 $(T-1)$ - 定价 π_{T-1}。

(2) 通过递归迭代，$t=0$，1，…，$T-2$ 时刻的定价 $\rho_t[S]$ 是基于 $\rho_t[S]=\rho_t[\tilde{\rho}_{t+1}[S]]$，其中 ρ_t 是公允 t - 定价。根据定理 5.4，定价 ρ_t 等价于基于精算 t - 定价 π_t 的凸对冲 t - 定价。

(3) 因此，通过递归迭代可以得到对于时刻 $t=0$，1，…，$T-1$ 的公允定价。在到期时刻 T，保险负债的价格等于模拟情形中的期望 $E_T[S]$。

简单总结，公允动态定价的逆向递归迭代过程比较浅显易懂：对于任意时刻，通过凸对冲技术决定对冲策略，并基于此对可对冲部分进行定价，剩余的风险是通过精算定价进行确定；公允定价的价格为这两个部分之和。相邻时刻的公允定价通过递归迭代相关联，从而实现时间一致性。

根据推论 5.1、推论 5.2 和推论 5.3，LAMV 动态定价、LAMVHB 动态定价和 MVHB 动态定价都是实现公允动态定价的特定方式。下一节通过数值模拟展示具体的公允动态定价方法，实现对保险负债 S 的定价。

(1) 方法 1：LAMV 动态定价法。在任意时刻，LAMV 动态定价法方法采用 LAMV 动态对冲器进行定价，并不要求风险边际对剩余风险进行定价。LAMV 动态定价 $(\rho_t^{LAMV})_{t=0}^{T-1}$ 的定义具体见定义 5.19。

（2）方法 2：LAMVHB 动态定价法。在任意时刻，LAMVHB 动态定价 $(\rho_t^{LAMVHB})_{t=0}^{T-1}$ 采用 LAMVHB t - 定价在时间序列上进行递归迭代。LAMVHB t - 定价在 LAMV 对冲器给出的对冲组合基础上附加对剩余风险的风险边际定价，风险边际方法采用了标准差法精算性 t - 定价为：

$$\pi_t[S]=e^{-r}[\mathbb{E}_t^{\mathbb{P}}[S]+\alpha\sigma_t^{\mathbb{P}}[S]]$$

其中，$\sigma_t^{\mathbb{P}}[S]:=\sqrt{Var_t^{\mathbb{P}}[S]}$ 且 $\alpha=0.15$。

（3）方法 3：基于资本成本法风险边际的 MVHB 动态定价法。在任意时刻，该定价方法采用资本成本法计算风险边际，

$$\pi_t[S]=e^{-r}\cdot i\cdot VaR_p[S]$$

其中，i 是资本成本率，欧盟 Solvency Ⅱ 的风险水平 p 为 99.5%。将该公允动态定价方法记为 $(\rho_t^{MVHB-CoC})_{t=0}^{T-1}$。

（4）方法 4：基于标准差法风险边际的 MVHB 动态定价法。在任意时刻，该定价方法采用标准差法计算风险边际，其对应的精算性 t - 定价为：

$$\pi_t[S]=e^{-r}[\mathbb{E}_t^{\mathbb{P}}[S]+\alpha\sigma_t^{\mathbb{P}}[S]]$$

其中，$\sigma_t^{\mathbb{P}}[S]:=\sqrt{Var_t^{\mathbb{P}}[S]}$ 且 $\alpha>0$。将该公允动态定价记为 $(\rho_t^{MVHB-StD})_{t=0}^{T-1}$。

5.5.3 数值模拟

本小节通过数值模拟对比不同的公允动态定价的实现方法。出于行文一致性的考虑，本小节延用了第 4 章中数值模拟小节的例子设定，但在保险负债给付的假设上略有不同，我们考虑了保险负债与风险资产之间的相关性[①]。接下来，我们分别具体介绍多期模型下的公允动态定价方法、保险负债给付与数值模拟结果。

---

① 对于该数值模拟例子的更详细介绍可以参见 Barigou et al.（2018）和 Chen et al.（2019）。

5.5.3.1　证券连结型保险负债

本节考虑的证券连结型保险负债与本文第 4 章中的数值模拟小节类似，但又具有区别。考虑保险公司承保了一份保单池，保单对于存活至时刻 T 的被保险人提供给付，给付金额取决于时刻 T 时某股票和最低保证金额 K 之间的较大者①。本节的数值模拟考虑保险公司的总负债给付为：

$$S = N(T) \times \max(Y^{(1)}(T), K) \tag{5-45}$$

其中，$N(t)$ 是死亡率过程，$Y^{(1)}(t)$ 是风险资产的价格过程，K 是固定的保证水平。

假设金融市场存在一个无风险资产 $Y^{(0)}(t) = e^{rt}$ 和一个风险资产（如股票市场指数）$Y^{(1)}(t)$，$t = 0, 1, \cdots, T$。进一步地，假设股票价格服从经典的几何布朗运动：

$$dY^{(1)}(t) = Y^{(1)}(t)(\mu dt + \sigma dZ_1(t)) \tag{5-46}$$

其中，参数 μ，$\sigma > 0$。可知，该风险资产的期望收益与方差为：

$$\mathbb{E}_t^{\mathbb{P}}[Y^{(1)}(t+1)] = Y^{(1)}(t)e^{\mu + \frac{\sigma 2}{2}} \tag{5-47}$$

$$Var_t^{\mathbb{P}}[Y^{(1)}(t+1)] = (Y^{(1)}(t))^2 e^{2\mu + \sigma^2}(e^{\sigma^2} - 1) \tag{5-48}$$

死亡率过程 $N(t)$ 代表了具有初始年龄为 x 的 l_x 个保单持有人群体存活至年龄 x 的数目。死亡率强度（mortality intensity）被假设是动态的过程，并在$\mathbb{P}$测度下服从如下的过程：

$$d\lambda_x(t) = c\lambda_x(t)dt + \xi dZ_2(t)$$

其中，c，$\xi > 0$，$Z_2(t)$ 是标准的布朗运动，与定义在式（5-46）的 $Z_1(t)$ 相关，且有 $z_2(t) = \rho Z_1(t) + \sqrt{1-\rho^2}\, W_1(t)$，其中 $W_1(t)$ 和 Z_1 是相互独立的布朗运动过程。死亡率和金融风险之间的相关性已经被广泛地证实，如参见 Boonen et al.（2017）等。本节的数值模拟假设 ρ 等于 0.2。基于死亡率强度，生存函数可以被定义为：

$$P(t) = \mathbb{P}(T_x > t) = \exp(-\int_x^{x+t} \lambda_x(s)ds) \tag{5-49}$$

---

① 第 4 章中的数值模拟小节假设该风险池充分大，能够允许进行风险分散。

其中，T_x是在时刻 0 年龄为 x 的保单所有人的剩余寿命（remaining lifetime）。此外，不同保单持有人的死亡过程被看做是独立事件，类似的假设可见如 Milevsky et al.（2006）等。我们用 $D(t+1)$ 代表在第 $t+1$ 年中发生的死亡事件数，那么有效保单数量的动态过程可以由复合过程表示：$N(t+1)=N(t)-D(t+1)$，其中 $D(t+1)$ 服从二项分布 $D(t+1)\sim Bin(N(t),\ q_{x+t})$，$q_{x+t}$是被保险人一年期的死亡概率。

$$q_{x+t}:=\mathbb{P}(T_x\leqslant t+1\mid T_x>t)=1-\frac{S_x(t+1)}{s_x(t)}，对于\ t=0,\ \cdots,\ T-1$$

基于生存函数 $N(t)$ 和股票价格 $Y^{(1)}(t)$ 的过程，我们可以进行 n 种情形的模拟。本小节利用随机模拟生成了生存函数 $P(t)$ 和股票价格 $Y^{(1)}(t)$ 的 100000 可能情形。随机模拟中采用的参数具体为：$r=0.02$，$\mu=0.07$，$\sigma=0.3$，$K=1$ 并且 $Y^{(1)}(0)=1$，$Y^{(1)}(0)=e^{rT}$。关于死亡率参数的设置，本节参考了 Luciano et al.（2017）所考虑的英国 55 岁男性的情形，具体参数为 $\lambda_x(0)=0.0087$，$c=0.0750$，$\xi=0.000597$。

5.5.3.2　数值模拟结果分析

本节采用 MATLAB 软件基于蒙特卡洛方法数值实现对上述保险负债 S 的不同公允动态定价方法的数值模拟计算。关于均值—方差方法在数值模拟实现中的具体实现方法，本节参照了 Barigou et al.（2019）所采用的最小方差蒙特卡洛模拟方法（LSMC approach）。

图 5－8 对比了具有不同损失厌恶系数 λ 的 LAMV 动态定价。与直观相符，LAMV 动态定价的价格随着损失厌恶系数 λ 的增大而增加。此外，从图中还能看从时刻 0 到 T 的定价动态变化。在时间维度上，动态定价 $(\rho_t^{LAMV})_{t=0}^{T-1}$ 距离保险负债的到期日越远则价格越大。该现象是因为 LAMV 动态定价的实现是基于时间序列上的迭代，递归迭代使得对冲结果越来越保守。值得注意的是，在初始时刻，LAMV 动态定价呈现出了短暂的上升趋势，这是由于股票价格随时间上升造成的。

图 5－9 是具有不同损失厌恶系数 λ 的 LAMVHB 动态定价的结果。LAMVHB 动态定价是在 LAMV 动态定价上附加了基于标准差法计算的风险

边际。与直观相符，LAMVHB 动态定价的价格随着损失厌恶系数 λ 的增大而增加。同时，由于附加了风险边际，动态定价 $(\rho_t^{LAMVHB})_{t=0}^{T-1}$ 始终随着时间递减。这一趋势是由于剩余风险和风险边际都是随着时间约接近到期时刻越小。

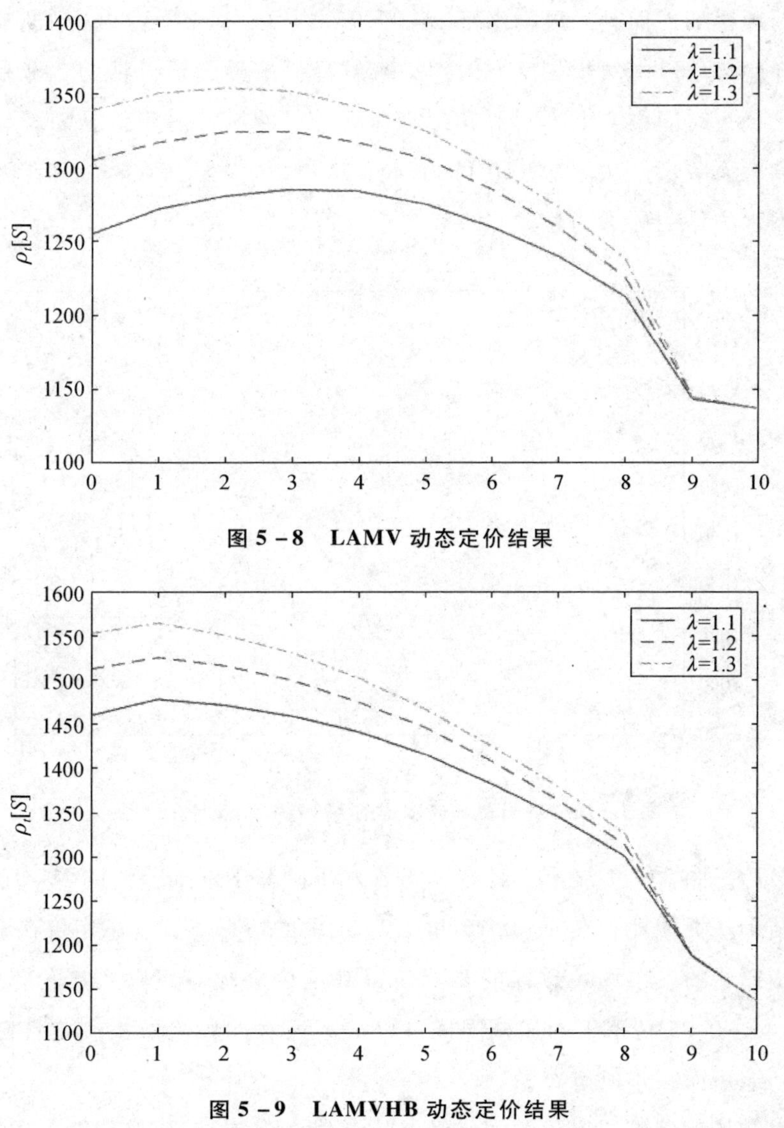

图 5－8　LAMV 动态定价结果

图 5－9　LAMVHB 动态定价结果

图 5－10 给出了具有不同风险水平 p 的 MVHB 动态定价

$(\rho_t^{MVHB-CoC})_{t=0}^{T-1}$在时间上的变化。更高的在险价值分位数水平会导致更高的MVHB定价。因此，从图5－10中可以看出，具有$p=99.9\%$的MVHB定价$(\rho_t^{MVHB-CoC})_{t=0}^{T-1}$具有最高的负债评估价格。在时间维度上，可以观测到具有风险水平$p=95\%$和99.5%的动态定价$(\rho_t^{MVHB-CoC})_{t=0}^{T-1}$在到期前随着时间不断地增加。而具有风险水平$p=99.9\%$的$(\rho_t^{MVHB-CoC})_{t=0}^{T-1}$在到期前的轻度下降趋势可以由两个相反方向作用来解释：虽然股票价格的上涨趋势会使得定价在时间维度上不断上升，但是不可对冲风险的定价会随着剩余时间的缩短而减小。从图5－10可知，对于$p=99.9\%$的情形，后者因素比前者因素的作用更加明显。

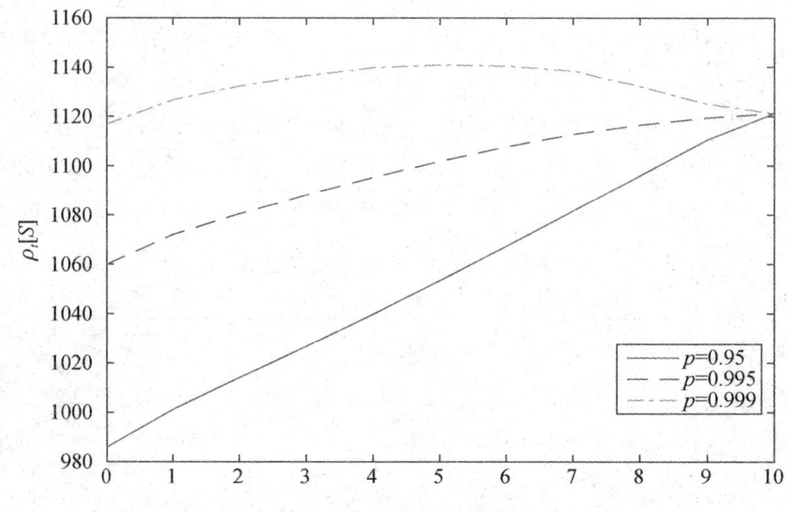

图5－10 基于资本成本法的MVHB动态定价结果

最后，图5－11展示了具有不同α水平的基于标准差法的MVHB动态定价结果。类似地，在$\alpha=0.15$和0.25水平的情形下，动态定价在到期前是逐步递增的。市场一致性的要求使得其定价会随着风险资产价格变动。另外，$\alpha=0.35$情形下的递减同样可以被不可对冲风险的不确定性随着剩余时间缩短而减小所解释。

本节的数值模拟展示了如何对保险负债在多期模型中采用凸对冲技术来实现公允动态定价与评估。凸对冲定价的实现具有多种方式，包括具有损失厌恶的对冲技术以及采用附加风险边际的方法。损失厌恶对冲技术可以选取不同程度的损失厌恶，风险边际的计算方法也具有多种，例如，资本成本法和标准差法。本节的数值模拟说明了对冲技术中的损失厌恶和风险边际方法都是可以实现凸对冲动态定价的具体方法，越高水平的风险厌恶和风险边际要求都是保守性的体现，也将会带来更高的评估价格。

本书提出的（损失厌恶）凸对冲定价技术为保险公司实现合理的市场一致性负债评估提供了具体方法。本节的目的在于提供和展示具体的公允动态定价实现方法，而不是论证选取最合适的参数。在精算实务中，保险公司往往需要根据险种类型、市场状况与稳健性程度具体选取合适的对冲技术与参数设定，从而实现公允动态定价。

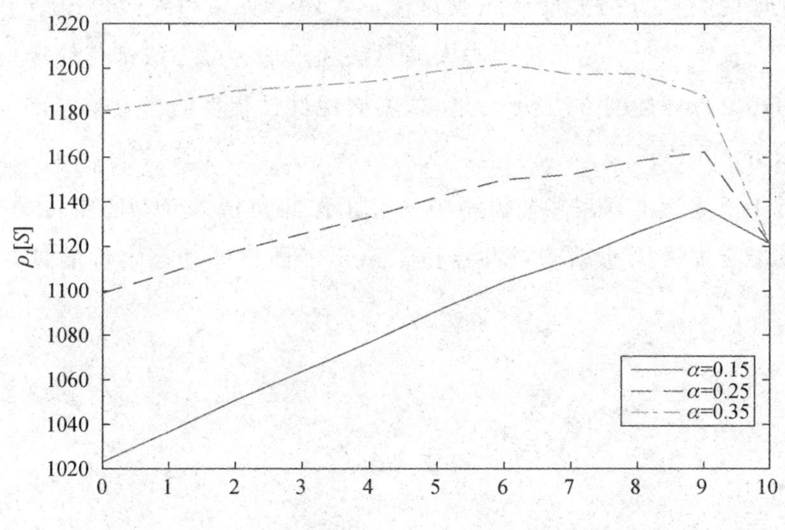

图 5-11 基于标准差法的 MVHB 动态定价结果

5.6 本章小结

首先，本章在多期模型中提出了保险负债的公允动态定价方法，要求动态定价方法需要同时满足精算性和市场一致性之外，还需要具有时间一致性。时间一致性是动态定价方法在时间维度上重要的性质，其保证了不同时间点上对于保险负债评估方法的一致性以及结论的可比性。此外，本章在多期模型中提出了公允动态定价和对冲器，并证明了二者之间的等价性质。即本章证明了公允动态定价可以基于公允对冲技术来实现。保险负债动态定价方法的时间一致性性质的实现有赖于时间维度上的递归迭代方式。

其次，本章提出和研究通过凸动态对冲技术实现对保险负债的公允动态定价，发现凸动态对冲技术是实现公允动态定价的有效技术和可行方式。本章在理论上证明了凸动态对冲技术在实现公允动态定价的等价性后，进一步地提出和研究了具有损失厌恶特征的凸动态对冲技术。本章提出了损失厌恶凸动态对冲器和动态定价，损失厌恶特征表现在对冲器决定对冲策略时会区分损失情形和收益情形。理论研究和数值模拟结果均表明，区分损失和收益情形的损失厌恶方法和附加边际方法都是使定价更具加具有精算保守性的方法，也是实现不同稳健性程度的公允动态定价的可行技术方法。

综上所述，本章在多期模型中研究了保险负债公允动态定价的性质，并具体结合损失厌恶动态对冲器技术给出了凸对冲动态定价的具体实现方式。

第 6 章　总结与展望

6.1　本书的主要工作

随着保险公司的承保风险与市场风险的关联越来越强，以 Solvency Ⅱ为代表的风险导向型监管提出的市场一致性负债评估要求保险公司尽可能地利用金融市场信息对保险负债中与市场相关联的部分进行评估。本书基于市场一致性性质研究合适的保险负债评估方法，并研究其理论性质、实现方式以及其稳健性评估。

本书的第一部分工作首先建立了研究保险负债评估方法的单期模型，并结合定价的市场一致性性质和精算性性质提出了保险负债公允定价方法。第一部分工作从理论上证明了提出的公允定价在理论上与对冲定价法和两步定价法这两类市场一致性定价的等价性，并具体研究了公允定价基于对冲的具体实现方式。本书的第二部分工作分析研究了具有市场一致性性质的保险负债定价技术的精算保守性程度与度量。由于对冲技术对于保险负债的市场一致性评估或公允评估的实现具有重要的作用，第二部分工作也分析了对冲技术与负债评估的影响，并提出了损失厌恶对冲器。本书的第三部分工作将保险负债公允评估方法拓展到了多期模型中，提出了公允动态定价方法。第三部分工作研究了公允动态定价的等价性，并且基于动态对冲技术给出实现公允动态定价的具体方法。

6.2 本书主要研究成果

6.2.1 单期模型下的保险负债的公允评估方法

本书的第一部分工作研究了保险负债评估的市场一致性要求与性质，首先在单期模型中提出了兼具市场一致性性质和精算性性质的保险负债公允评估方法。第一部分工作从理论上证明了提出的公允定价在理论上与对冲定价法和两步定价法这两类市场一致性定价的等价性，并具体研究了公允定价基于对冲的具体实现方式。

欧盟 Solvency Ⅱ监管提出的市场一致性负债评估思想已经受到了学术研究关注。大量文献主要从理论模型和实现方式方面研究了市场一致性负债评估，但普遍忽略了对负债评估方法的精算性性质以及具体实现方法的研究。本书提出，对保险负债进行公允定价技术需要同时结合金融数学和精算科学方法，同时考虑来自金融市场的信息和精算师对风险的可得历史信息与精算模型的判断。在单期模型中，本书提出的保险负债的公允定价方法兼具了市场一致性和精算性特征，对保险负债的完全可对冲部分采用市场价格进行评估，同时强调对剩余风险采用基于模型的精算评估。我们证明了公允定价法、对冲定价法以及两步定价法之间的等价性，并具体研究了对冲定价法这一基于对冲的实现保险负债公允评估的方法，并进一步地提出了凸对冲定价方法。本书提出的公允定价方法具有良好的理论性质和可行性。

6.2.2 保险负债评估方法的精算保守性度量

虽然我国偿二代监管暂时并未采用市场一致性负债评估原则，但是2017 年 8 月保监会启动的偿二代二期工程明确提出要“修订完善保险合同准备金负债的评估标准，确保负债评估的稳健”。为此，本书的第二部分工作量化了保险负债评估方法的精算保守性的度量。保险负债评估方法的精算保守性指的是保险公司在负债评估和定价时为避免损失的保守倾向程度。评估和定价方法在保险负债评估中起到了重要的作用，不同评估方法的精算保守性体现了负债评估方法的稳健性程度。本书提出了风险测度以度量市场一致性负债评估方法的精算定价保守性，希望能够为我国偿二代二期工程建设提供参考建议。

由于对冲技术对于保险负债的市场一致性评估或公允评估的实现具有重要的作用，本书分析了对冲技术的选取对于市场一致性评估或公允评估方法的精算保守性的影响。我们提出公允定价可以通过选择合适的对冲技术和实现不同的对待残余风险的态度，来实现不同的定价保守性程度。该方法是除了监管要求的风险边际附加方法之外的另一种实现定价保守性的方法。

基于对冲时损失偏差厌恶与负债评估方法的保守性关系，本书的第二部分工作创新地提出了损失厌恶对冲器，并研究了损失厌恶均值—方差对冲器的性质。理论性质与数值模拟分析均表明损失厌恶均值—方差对冲器是比均值—方差对冲器更加保守的对冲器。我们提出的损失厌恶均值—方差对冲定价（LAMV 定价）是一类可以用于实现不同保守性程度的公允定价实现方法。

6.2.3 多期模型下的保险负债的公允评估方法

本书的第三部分工作将单期模型中提出的保险负债公允评估方法拓展到了多期模型中，提出并研究保险负债公允动态评估方法。我们提出，对保险负债的公允动态定价与对冲既需要考虑市场一致性和精算性特征，还需要考虑时间维度不同时刻中定价方法的时间一致性。本书的第三部分工作在多期模型中证明了公允动态定价、公允动态对冲器以及公允凸动态定价的等价性，并且基于动态对冲技术给出公允动态定价的具体实现方法。

将单期模型中提出的凸对冲技术拓展到多期模型并进行具体研究是本书的第三部分的另一个贡献。本书的理论与数值模拟分析结果均表明凸对冲技术是实现公允定价有效的技术方式。此外，本书进一步地在多期模型中提出和研究了具有损失厌恶特征的凸动态对冲技术，并给出了理论和数值模拟分析。结果表明，本书提出的损失厌恶凸对冲定价方式是一类实现公允定价的合适技术方式，其允许凸函数和损失厌恶系数的选择以实现对冲与定价的不同程度保守性，具有良好的实际操作可行性。

6.3 本书的政策建议

偿二代的正式实施推进了我国保险监管的现代化建设，但是仍需要基于我国保险市场情况进行进一步完善。为此，保监会启动了偿二代二期工程建设。欧盟 Solvency Ⅱ所强调的市场一致性保险负债评估原则与偿二代二期工程中负债的评估标准修订的具体任务密切相关。基于本书对保险负债市场一致性以及公允评估方法的理论分析，我们尝试对偿二代二期工程中《征求意见稿》建设方案第 5 条中的“修订完善保险合同准备金负债的评估标准，确保负债评估的稳健”的具体任务提出如下与市场一致性评估标准相关的政策建议①：

（1）关于是否采用：我们建议偿二代二期工程考虑对部分寿险负债的评估监管采用市场一致性的保险负债评估标准，这一建议主要是依据如下两方面理由。

一方面，市场风险已经成为了保险行业最主要的风险来源之一，负债评估需要充分考虑市场风险。根据我国保监会 2014 年 6 月的测试，市场风险无论对于寿险公司还是财产险公司而言，都是重要的风险来源。欧盟 Solvency Ⅱ采用市场一致性评估是为了使得保险行业能够充分地暴露负债的市场风险，并最终体现在负债评估与偿付能力资本要求中。市场一致性负债评估要求将影响不同寿险负债品种的评估结果，并促使保险负债评估动态地、及时地反映市场风险信息。

---

① 保险负债评估准则与采用的会计准则具有很大的关系，本书给出政策建议是基于本书对市场一致性负债评估方法的研究结果。

另一方面，虽然我国偿二代当前采用的负债评估方法更接近于精算方法，但是本书的理论分析已经充分说明了采用市场一致性负债评估监管要求并非意味着站在了精算评估方法的对立面。大量的国外文献和欧盟实践经验也证明了市场一致性负债评估是切实可行的负债评估方法。本书基于市场一致性要求提出的保险负债公允评估方法兼具了市场一致性性质与精算性性质，即同时利用了金融市场信息和精算模型对保险负债进行评估。同时，本书提出和证明了可以基于（损失厌恶）凸对冲来实现公允定价方法具有良好的可行性和稳健性。

（2）关于采用步骤：我们建议偿二代二期工程考虑在寿险负债评估监管规则中分险种地、试验性地允许投资属性强的寿险险种采用市场一致性的保险负债评估。

本书提出的分险种地进行市场一致性保险负债评估建议具有现实上的可行性。当前的偿二代监管体系已经以具体负债业务为出发点进行了分险种管理，充分考虑到了不同保险险种的差异性。例如，在寿险负债评估上，偿二代已经考虑了不同险种对投资敏感度的差异，对负债现金流及折现率做出了不同要求。根据《保险公司偿付能力监管规则第 3 号：寿险合同负债评估》的要求，负债评估需要区分传统寿险、分红险和万能险等新型寿险产品。监管规则还要求对分红、万能险等负债责任与投资收益相关的保险产品评估最优估计准备金时，需将选择权及保证利益纳入计算。偿二代的负债评估监管规则具体体现出了对从不同保险负债准备金的差异化对待，以更贴近实务的精细化管理代替了偿一代监管中较为粗放的管理模式（见表 6－1）。因此，在偿二代二期工程中分险种地、试验性地采用市场一致性保险负债评估的建议具有分险种监管规则延续性和可行性。

表 6－1　　偿二代下主要寿险险种的准备金评估要求比较

项目	传统险	分红险	万能险
现金流	保险部分	保险部分	保险部分＋投资部分
折现率	基础利率曲线	基础利率曲线＋综合溢价	基础利率曲线＋综合溢价

续表

项目	传统险	分红险	万能险
最优估计准备金	现金流现值（PV）	现金流现值（PV）+选择权及保证利益的时间价值（TVOG）	现金流现值（PV）+选择权及保证利益的时间价值（TVOG）

（3）关于市场一致性负债评估的具体规则和稳健性考虑：我们建议偿二代二期工程采用兼具市场一致性性质与精算性性质的稳健负债评估方法。

根据当前偿二代监管文件要求，寿险负债评估价格等于最优估计与风险边际之和：保险负债的评估=最优估计准备金+风险边际。偿二代文件《保险公司偿付能力监管规则第3号：寿险合同负债评估》对分红、万能险等负债责任与投资收益相关的保险产品给出了具体的最优估计准备金计算公式，考虑保证利益的时间价值。Solvency Ⅱ采用的市场一致性评估方法实际上除了偿二代的基于公式的最优估计准备金计算方法之外的基于对冲方法的方法。本书建议出于定价的稳健性考虑，偿二代二期工程可以规定或允许保险公司采用基于较高稳健性的对冲技术方法进行最优估计准备金计算。例如，本书提出的凸（动态）对冲技术就是可以实现不同保守性与稳健性程度的对冲技术。本书提出的基于（损失厌恶）凸对冲对于实现保险负债的公允定价具有良好的可行性和稳健性。

6.4 本书主要创新点

本书基于欧盟Solvency Ⅱ监管的市场一致性负债评估要求，提出保险负债公允定价方法，并研究了具体实现方式与保守性评估，希望能为偿二代二期工程提供参考。本书主要在以下方面做出了创新性贡献，具体包括：

（1）针对市场一致性负债评估文献普遍忽视了负债评估方法的精算性质特征，本书第一个在市场一致性定价理论中提出精算性性质，其指的是定价方法对于传统负债定价不依赖于金融市场信息的性质。本书提出的公允（动态）定价方法兼具了市场一致性性质和精算性性质，结合了金融数学和精算科学的保险负债公允评估方法。在单期模型中，本书提出的保险负债公允评估方法既具有市场一致性性质，同时也强调对不可对冲风险采用基于模型的精算性评估。在多期模型中，本书提出了兼具市场一致性、精算特征以及时间一致性的公允动态定价。无论在单期还是多期模型中，本书提出的保险负债公允评估方法都需要结合金融市场信息和精算模型，并在理论上具有良好等价性和实现方式。

（2）本书提出的保险负债公允评估方法和凸对冲技术具有实务操作上的良好可行性。文献中的一些具有市场一致性的负债评估方法难以在实务中具体实施，例如需要完备市场等难以被满足的条件。本书提出的公允定价法可以基于对冲定价法实现：基于对冲技术实现对保险负债中的可被复制的部分的识别与对冲，基于精算模型对不可对冲复制进行精算定价的实现方法。特别地，本书提出了凸对冲技术这类具有良好性质的对冲技术类别，并通过理论与模拟分析证明其是适用于保险负债公允定价的实现。同时，凸对冲技术允许可以通过选择凸函数与损失厌恶程度，从而实现不同程度的定价保守性。

（3）本书从负债评估定价方法的数学定义和一般性质着手，在理论上对保险负债的市场一致性评估方法的性质进行了研究。本书提出的结合市场一致性与精算性的定价方法在数学本质上是在非完备市场下对保险负债进行定价的一种新的理论方法。因此，本书提出的保险负债公允定价方法不局限于所使用的场景，既可以用于保险负债的准备金评估，也适用于对保险负债的保费计算。

（4）本书提出了对于市场一致性定价方法的保守性衡量方法。由于对冲技术对保险负债的市场一致性评估或公允评估的实现具有重要的作用，本书分析了负债评估中的对冲技术选取对精算保守性的影响。本书关于保险负债的市场一致评估定价技术的保守性程度的度量研究为市场一致性负债评估方法的稳健性评估提供了思路。

6.5 未来研究展望

本书从理论上提出并研究了保险负债公允评估方法及其实现，研究关注重点在于保险负债评估方法的理论性质，我们期望未来的研究可以在本书基础上在如下方面进行进一步丰富与完善。

首先，未来的研究可以将本书的离散时间模型拓展到连续时间模型。保险公司实际的保险负债给付在时间上是连续的，也需要在保险间期动态地调整负债评估已进行风险管理。为了使保险负债公允评估方法更加具有实用性，并在实务上对保险公司更具有现实指导作用，未来的研究可以在连续时间下考虑负债评估问题。特别地，市场一致性负债评估方法能够使得保险负债中的可对冲部分的评估价格随着市场价格变化，连续时间模型下的对冲策略则可以对保险公司的动态投资策略调整给出建议。

其次，未来的研究可以关注在连续时间模型中保险负债的动态对冲技术。由于保险负债的公允评估和市场一致评估有赖于负债对冲技术，在连续时间模型中实现保险负债的公允定价需要连续时间下的动态对冲和资产组合管理技术。同时，基于动态对冲技术的保守性评估和稳健性度量也将是未来完善监管规则时所要考虑的具体方面。

最后，未来的研究可以具体地结合对该某一险种的具体监管细则进行针对性的负债评估方法研究。本书主要从理论层面对保险负债公允评估方法进行了研究，结论并不区分具体的负债种类。保险公司经营的不同险种和负债与市场风险的关联程度也不尽相同。针对特定的险种并结合监管细则来研究负债评估，具有重要的现实和指导意义。

参考文献

[1] 中国人寿保险公司财务会计部课题组 . 2017. 第二代偿付能力监管体系下的保险证券化研究 [J] . 金融会计 (10): 22 - 29.

[2] 何宇佳, 陈秉正, 陈泽 . 2016. 分红型保险产品经营分析——双驱动型动态最优资产负债管理视角的探讨 [J] . 投资研究 (6): 72 - 85.

[3] 刘宛音, 毛丹, 潘顺利 . 1999. 保险负债的金融定价模型 [J] . 上海保险 (12): 30 - 32.

[4] 卢仿先, 李盼 . 2006. 寿险负债公允价值评估方法及其应用 [J] . 保险职业学院学报 (6): 18 - 22.

[5] 周华林, 郭金龙, 周小燕, 等 . 2017. "偿二代" 与 "偿一代" 的比较及风险管控分析 [J] . 保险理论与实践 (10): 33 - 48.

[6] 周桦, 张娟 . 2014. 中国第二代偿付能力监管体系的利率模型选择——基于 Solvency 利率模型和现行方法的比较 [J] . 保险研究 (5): 87 - 98.

[7] 姜波, 陶燃 . 2010. 欧盟保险偿付能力监管体系改革最新进展 [J] . 中国金融 (23): 37 - 39.

[8] 孙祁祥, 郑伟 . 2008. 欧盟保险偿付能力监管标准及对中国的启示 [M] . [出版地不详]: 经济科学出版社 .

[9] 张舒 . 2016. 偿二代下基础利率曲线的构造 [J] . 上海保险 (9): 43 - 46.

[10] 张连增, 刘怡 . 2013. 欧盟保险偿付能力监管标准框架下的技术准备金估计 [J] . 南京审计大学学报, 10 (2) .

[11] 徐楠楠，任若恩，郑海涛.2010. 基于公允价值的累积分红寿险负债估价模型［J］. 系统工程理论与实践，30（8）：1396-1402.

[12] 朱南军，何小伟.2008. 欧盟保险偿付能力监管标准：框架、理念和影响［J］. 南方金融（6）：31-34.

[13] 李荣林.2010. 保险负债的公允价值研究［J］. 管理世界（2）：179-180.

[14] 沈丁丁.2007. 寿险公司资产与负债的公允价值计量［博士学位论文］.［出版地不详］：西南财经大学.

[15] 沈立，谢志刚.2014. “偿二代”下产险业准备金风险：数据基础与计量模型［J］. 保险研究（11）：80-93.

[16] 王灵芝.2015. 基于一致性原则的偿二代 TVOG 风险因子校准［J］. 保险研究（12）：30-39.

[17] 石晓军，郭金龙.2008. Solvency 和 DFA 的国际研究前沿综述和分析［J］. 保险研究（9）：47-51.

[18] 赵正堂.2008. 金融型保险产品定价模型研究［J］. 厦门大学学报（哲学社会科学版）（4）：42-47.

[19] 郑苏晋，徐景峰，熊璐.2013. 寿险公司负债风险边际计量研究——基于我国新会计准则和欧盟保险偿付能力的视角［J］. 管理评论，25（3）：159-170.

[20] 钱林义.2011. 不完备市场下权益连结保险产品定价和风险对冲［博士学位论文］.［出版地不详］：华东师范大学.

[21] 陈志国.2008. 欧盟保险偿付能力改革的最新进展［J］. 保险研究（9）：88-92.

[22] 陈戈.2009. 保险公司负债公允价值的评估［J］. 保险研究（1）：96-100.

[23] 陈文辉.2013. 中国保险偿付能力监管改革［J］. 中国金融（15）：9-11.

[24] 陈秉正，何宇佳.2016. 基于双驱动型动态最优资产负债管理模

型的万能险产品经营分析［J］．保险研究（5）：13－23.

［25］Aase K K，Persson S A. 1994. Pricing of unit－linked life insurance policies［J］．Scandinavian Actuarial Journal，1994（1）：26－52.

［26］Acciaio B，Penner I. 2011. Dynamic risk measures［M］//Advanced mathematical methodsfor finance.［S. l.］：Springer：1－34.

［27］Adeyele J，Adelakun O. 2010. Controversy between financial economics and traditional actuarial approach to pension funding［J］．Journal of Emerging Trends in Economics and Management Sciences，1（1）：1－5.

［28］Artzner P，Eisele K. 2010. Supervisory accounting：comparison between Solvency 2 and coherent risk measures［C］//Actuarial and Financial Mathematics Conference：Interplay between Finance and Insurance.［S. l.：s. n.］：3－15.

［29］ArtznerP，Delbaen F，Eber J M，et al. 2007. Coherent multiperiod risk adjusted values and bellmanŠs principle［J］．Annals of Operations Research，152（1）：5－22.

［30］Barigou K，Dhaene J. 2019. Fair valuation of insurance liabilities via mean－variance hedging in a multi－period setting［J］．Scandinavian Actuarial Journal，2019（2）：163－187.

［31］Barigou K，Chen Z，Dhaene J. 2018. Fair dynamic valuation of insurance liabilities：Merging actuarial judgement with market－and time－consistency［J］．Available at SSRN 3293741.

［32］Boonen T J，Li H. 2017. Modeling and forecasting mortality with economic growth：a multipopulation approach［J］．Demography，54（5）：1921－1946.

［33］Booth P，Haberman S，Chadburn R，et al. 2004. Modern actuarial theory and practice［M］．［S. l.］：Chapman and Hall/CRC

［34］Borch K. 1992. Equilibrium in a reinsurance market［M］//Foundations of Insurance Economics.［S. l.］：Springer：230－250.

[35] Bouleau N, Lamberton D. 1989. Residual risks and hedging strategies in markovian markets [J]. Stochastic Processes and their Applications, 33 (1): 131 - 150.

[36] Bowers N, Gerber H, Hickman J, et al. 1986. Actuarial mathematics society of actuaries [J]. Itasca, Ill.

[37] Brennan M J, Schwartz E S. 1979a. Alternative investment strategies for the issuers of equity - linked life insurance with an asset value guarantee [J]. Journal of Business, 52: 63 - 93.

[38] Brennan M J, Schwartz E S. 1979b. Pricing and Investment Strategies for Guaranteed Equity - Linked Life Insurance [M]. [S. l.]: Monograph no. 7. The S. S. Huebner Foundation for Insurance Education, Wharton School, University of Pennsylvania, Philadelphia.

[39] Brennan M J, Schwartz E S. 1976. The pricing of equity - linked life insurance policies with an asset value guarantee [J]. Journal of Financial Economics, 3 (3): 195 - 213.

[40] Brian A. 1995. Actuarial conservatism: Not in public sector defined benefit pension plans [J]. Journal of Actuarial Practice, 3 (1).

[41] Briys E, De Varenne F. 1994. Life insurance in a contingent claim framework: pricing and regulatory implications [J]. The Geneva Papers on Risk and Insurance Theory, 19 (1): 53 - 72.

[42] Bühlmann H. 1987. Actuaries of the third kind [J]. Astin Bulletin, 17 (2): 137 - 138.

[43] Bühlmann H. 2007. Mathematical methods in risk theory: volume 172 [M]. [S. l.]: Springer Science & Business Media.

[44] Chen Z, Chen B, Dhaene J. 2019. Fair dynamic valuation of insurance liabilities via convex hedging [J]. Available at SSRN: https://ssrn.com/abstract=3359178.

[45] Cheridito P, Kupper M. 2011. Composition of time - consistent dy-

namic monetary risk measures in discrete time [J]. International Journal of Theoretical and Applied Finance, 14 (01): 137 - 162.

[46] Dahl M, Møller T. 2006. Valuation and hedging of life insurance liabilities with systematic mortality risk [J]. Insurance: mathematics and economics, 39 (2): 193 - 217.

[47] Dalang R C, Morton A, Willinger W. 1990. Equivalent martingale measures and no - arbitrage in stochastic securities market models [J]. Stochastics: An International Journal of Probability and Stochastic Processes, 29 (2): 185 - 201.

[48] Delbaen F, Haezendonck J. 1989. A martingale approach to premium calculation principles in an arbitrage free market [J]. Insurance: Mathematics and Economics, 8 (4): 269 - 277.

[49] DelbaenF, Peng S, Gianin E R. 2010. Representation of the penalty term of dynamic concave utilities [J]. Finance and Stochastics, 14 (3): 449 - 472.

[50] Delong L. 2011. Practical and theoretical aspects of market - consistent valuation and hedging of insurance liabilities [J]. Bank i Kredyt, 42 (1): 49 - 78.

[51] Dhaene J, Stassen B, Devolder P, et al. 2015. The minimal entropy martingale measure in a market of traded financial and actuarial risks [J]. Journal of Computational and Applied Mathematics, 282: 111 - 133.

[52] Dhaene J, Stassen B, Karim B, et al. 2017. Fair valuation of insurance liabilities: merging actuarial judgement and market - consistency [J]. Insurance: Mathematics and Economics, 76: 14 - 27.

[53] Duffie D, Richardson H R, et al. 1991. Mean - variance hedging in continuous time [J]. The Annals of Applied Probability, 1 (1): 1 - 15.

[54] Efron B. 1991. Regression percentiles using asymmetric squared error loss [J]. Statistica Sinica: 93 - 125.

[55] El Karoui N, Quenez M C. 1995. Dynamic programming and pricing of contingent claims in an incomplete market [J]. SIAM journal on Control and Optimization, 33 (1): 29 –66.

[56] Embrechts P. 2000. Actuarial versus financial pricing of insurance [J]. The Journal of Risk Finance, 1 (4): 17 –26.

[57] Feinstein Z, Rudloff B. 2015. Multi – portfolio time consistency for set – valued convex and coherent risk measures [J]. Finance and Stochastics, 19 (1): 67 –107.

[58] Föllmer H, Schied A. 2011. Stochastic finance: an introduction in discrete time [M]. [S. l.]: Walter de Gruyter.

[59] Föllmer H, Sondermann D. 1985. Hedging of non – redundant contingent claims [M]. [S. l.]: Sonder – forschungsbereich 303.

[60] Frittelli M. 1995. Minimal entropy criterion for pricing in one period incomplete markets [J]. Technical report #99, Dept. "Metodi Quantitativi", University of Brescia.

[61] Frittelli M. 2000. The minimal entropy martingale measure and the valuation problem in incomplete markets [J]. Mathematical Finance, 10 (1): 39 –52.

[62] Frittelli M, Gianin E R. 2004. Dynamic convex risk measures [J]. Risk measures for the 21st century: 227 –248.

[63] Gerber H. 1979. S. s. huebner foundation monograph series: An introduction to mathematical risk theory [M]. [S. l.]: S. S. Huebner Foundation for Insurance Education, Wharton School, University of Pennsylvania.

[64] Gneezy U, Potters J. 1997. An experiment on risk taking and evaluation periods [J]. The Quarterly Journal of Economics, 112 (2): 631 –645.

[65] Grosen A, Jørgensen P L. 1999. Fair valuation of life insurance liabilities: The impact of interest guarantees, surrender options, and bonus policies, aarhus school of buiseness, university of aarhus [R]. [S. l.]: work-

ing paper.

[66] Hodges S D, Neuberger A. 1989. Optimal replication of contingent claims under transaction costs [J]. Review of futures markets, 8 (2): 222 - 239.

[67] Kaas R, Goovaerts M, Dhaene J, et al. 2008. Modern actuarial risk theory: using r: volume 128 [M]. [S. l.]: Springer Science & Business Media.

[68] Kahneman D, Tversky A. 1979. On the interpretation of intuitive probability: A reply to jonathan cohen.

[69] Kriele M, Wolf J. 2014. Value - oriented risk management of insurance companies [M]. [S. l.]: Springer Science & Business Media.

[70] Kupper M, Cheridito P, Filipovic D. 2008. Dynamic risk measures, valuations and optimal divi - dends for insurance [C] //Mini - Workshop: Mathematics of Solvency. [S. l.]: Mathematisches Forschungsinstitut Oberwolfach.

[71] Locke P R, Mann S C. 1999. Do professional investors exhibit loss realization aversion [R]. [S. l.]: Working Paper.

[72] Luciano E, Regis L, Vigna E. 2017. Single - and cross - generation natural hedging of longevity and financial risk [J]. Journal of Risk and Insurance, 84 (3): 961 - 986.

[73] Malamud S, Trubowitz E, Wüthrich M V. 2008. Market consistent pricing of insurance products [J]. ASTIN Bulletin: The Journal of the IAA, 38 (2): 483 - 526.

[74] Milevsky M A, Promislow S D, Young V R. 2006. Killing the law of large numbers: Mortality risk premiums and the sharpe ratio [J]. Journal of Risk and Insurance, 73 (4): 673 - 686.

[75] Moehr C. 2011. Market - consistent valuation of insurance liabilities by cost of capital [J]. Astin Bulletin, 41 (02): 315 - 341.

[76] Møller T. 2001. Risk - minimizing hedging strategies for insurance payment processes [J]. Finance and stochastics, 5 (4): 419 - 446.

[77] Møller T. 2002. On valuation and risk management at the interface of insurance and finance [J] . British Actuarial Journal, 8 (4): 787 - 827.

[78] Møller T, Steffensen M. 2007. Market - valuation methods in life and pension insurance [M] . [S. l.]: Cambridge University Press.

[79] Musiela M, Zariphopoulou T. 2004. A valuation algorithm for indifference prices in incomplete markets [J] . Finance and Stochastics, 8 (3): 399 - 414.

[80] Newey W K, Powell J L. 1987. Asymmetric least squares estimation and testing [J] . Econometrica: Journal of the Econometric Society: 819 - 847.

[81] Norberg R. 2014. Life insurance mathematics [J] . Wiley StatsRef: Statistics Reference Online. Odean T. 1998. Are investors reluctant to realize their losses? [J] . The Journal of finance, 53 (5): 1775 - 1798.

[82] Pelsser A, Stadje M. 2014. Time - consistent and market - consistent evaluations [J] . Mathematical Finance, 24 (1): 25 - 65.

[83] Riedel F. 2004. Dynamic coherent risk measures [J] . Stochastic processes and their applications, 112 (2): 185 - 200.

[84] Roorda B, Schumacher J M, Engwerda J. 2005. Coherent acceptability measures in multiperiod models [J] . Mathematical Finance, 15 (4): 589 - 612.

[85] Salzmann R, Wüthrich M V. 2010. Cost - of - capital margin for a general insurance liability runoff [J] . Astin Bulletin, 40 (02): 415 - 451.

[86] Schweizer M. 2001a. A guided tour through quadratic hedging approaches [J] . In Jouini, E. , Cvitanić, J. , Musiela, M. (eds.) Option Pricing, Interest Rates and Risk Management. : 538 - 574.

[87] Schweizer M. 1992. Mean - variance hedging for general claims [J] . The annals of applied probability: 171 - 179.

[88] Schweizer M. 2001b. From actuarial to financial valuation principles [J] . Insurance: Mathematics and Economics, 28 (1): 31 - 47.

[89] Schweizer M. 2010. Mean - variance hedging [J] . Encyclopedia of

quantitative finance.

[90] Steffensen M. 2000. A no arbitrage approach to thiele's differential equation [J]. Insurance: Mathe - matics and Economics, 27 (2): 201 - 214.

[91] Thaler R H, Tversky A, Kahneman D, et al. 1997. The effect of myopia and loss aversion on risk taking: An experimental test [J]. The Quarterly Journal of Economics, 112 (2): 647 - 661.

[92] Thomson R J. 2005. The pricing of liabilities in an incomplete market using dynamic mean - variance hedging [J]. Insurance: Mathematics and Economics, 36 (3): 441 - 455.

[93] Trowbridge C L. 1989. Fundamental concepts of actuarial science [M]. [S. l.]: Actuarial Education & Research Fund.

[94] Tsanakas A, Wüthrich M V, Černý A. 2013. Market value margin via mean - variance hedging [J]. Astin Bulletin, 43 (03): 301 - 322.

[95] Tversky A, Kahneman D. 1992. Advances in prospect theory: Cumulative representation of uncertainty [J]. Journal of Risk and uncertainty, 5 (4): 297 - 323.

[96] Von Neumann J, Morgenstern O. 1947. Theory of games and economic behavior, 2nd rev [J].

[97] Wang Y, Wang S, Lai K K. 2011. Measuring financial risk with generalized asymmetric least squares regression [J]. Applied Soft Computing, 11 (8): 5793 - 5800.

[98] Wüthrich M V, Bühlmann H, Furrer H. 2008. Market - consistent actuarial valuation: volume 2 [M]. [S. l.]: Springer.

[99] Wüthrich M V, Merz M, Wüthrich M V, et al. 2013. Financial modeling, actuarial valuation and solvency in insurance [M]. [S. l.]: Springer.

[100] Yao Q, Tong H. 1996. Asymmetric least squares regression estimation: a nonparametric approach [J]. Journal of Nonparametric Statistics, 6 (2 - 3): 273 - 292.

后 记

本书能够得以问世首先要感谢中国人民大学。正是在中国人民大学财政金融学院的工作期间，我得以对保险负债公允定价的研究工作进行了梳理。同时，本书的出版也得到了中国人民大学“双一流”建设经费的支持。

本书主要研究力量是笔者博士期间的导师以及笔者本人。首先，感谢清华大学陈秉正教授引导笔者走进了保险与风险管理这一领域。在笔者进行本书的研究工作中，陈老师给予了悉心的指导和全方面的支持。其次，感谢笔者在比利时鲁汶大学的导师 Jan Dhaene 教授，他同样也对于本书的研究工作给予了大量的指导，也是笔者多篇论文的合作者。

感谢中国人民大学财政金融学院保险系、中国保险研究所的同事们对本书的支持。感谢付克华博士对本书出版的大力支持与敦促，以及高水平的编辑工作。

本书是在笔者研究工作以及相关文献形成的基础上完成的，限于笔者水平所限，本书难免存在疏漏之处，敬请读者批评和指正。

作者

2020 年 11 月